Verena Kast

Sich wandeln und sich neu entdecken

Band 4477

Das Buch

Leben bedeutet, sich weiterzuentwickeln. Gerade wenn man meint, in einer Sackgasse zu stecken, wenn etwas schiefgegangen ist oder nicht so „läuft", wie man es sich vorstellt, können sich überraschende Perspektiven zeigen: Verena Kast zeigt in diesem Buch, wie Symbole aus dem Unbewußten fruchtbar werden und ins Leben hinein wirken. Sie vermögen Wege zu erschließen, die bisher noch verschlossen schienen oder noch gar nicht gesehen wurden. Die Fähigkeit, sich zu wandeln, setzt neue Kräfte frei: Einsamkeit kann überwunden werden, Lebensübergänge, wie zum Beispiel die Menopause, können bewußt gelebt und gestaltet werden. Es geht darum, die eigenen Potentiale zu entdecken, die helfen, auch Verlusterlebnisse zu meistern. Und schließlich zeigt sie, wie diese Kraft, sich zu wandeln auch in die Gesellschaft hinein wirkt: Ein Aufbruch zu „neuen Tugenden" wird möglich, wenn diese Wandlungen gelingen, wenn die Potentiale tatsächlich aktiviert werden.

Die Autorin

Verena Kast, geboren 1943, Psychotherapeutin in eigener Praxis in St. Gallen, Dozentin am C.-G.-Jung-Institut in Zürich, Professorin an der Universität Zürich, Präsidentin der Internationalen Gesellschaft für Analytische Psychologie, Vorsitzende der Internationalen Gesellschaft für Tiefenpsychologie. Autorin zahlreicher Bücher u. a. zur Thematik des Trauerns und zu Beziehungsproblemen. Bei Herder/Spektrum: Loslassen und sich selber finden. Neue Lebensmöglichkeiten bei Trauer und Trennung (4261).

Verena Kast

Sich wandeln
und sich
neu entdecken

Herder

Freiburg · Basel · Wien

Gedruckt auf umweltfreundlichem, chlorfrei gebleichtem Papier

Originalausgabe

3. Auflage

Alle Rechte vorbehalten – Printed in Germany
© Verlag Herder Freiburg im Breisgau 1996
Satz: Fotosetzerei G. Scheydecker, Freiburg im Breisgau
Druck und Bindung: Freiburger Graphische Betriebe 1997
Umschlaggestaltung: Joseph Pölzelbauer
Umschlagmotiv: Ferdinand Hodler, Blick in die Unendlichkeit (1916)
ISBN 3-451-04477-3

Inhalt

Einleitung 7

1. Teil
Wie Wandlung möglich werden kann 13

Ein schöpferischer Prozeß, der Wandlung bewirkt –
vom Umgang mit Symbolen 17
Wie sich in Symbolen Lebensprobleme verdichten –
und sie gelöst werden können 36
Sich auf den Weg begeben – Wandlung im therapeutischen
Prozeß 53
Aus der Einsamkeit wieder zur Beziehung finden 72

2. Teil
Wenn Frauen sich verändern 89

Bewegungen ins Selbstbild bringen – neue Phantasien
entwickeln 92
Wechseljahre – Wandeljahre 112

3. Teil
Durchbruch zu neuen Tugenden 133

Sich selber annehmen – individueller Tugendwandel . . . 137
Feindbilder überwinden – neue Beziehungen finden . . . 155
Frauenfreundschaft – Erleben neuer Beziehungswerte . . 164

Anmerkungen 186

Quellenverzeichnis 191

Einleitung

Das Thema der Wandlung ist eines der faszinierendsten existentiellen und eines der bedeutsamsten psychotherapeutischen Themen. Aber:

Können Menschen sich überhaupt wandeln? Ist es nicht vielmehr so, daß wir immer dieselben bleiben, mit denselben Fehlern ausgestattet, denselben Eigenheiten behaftet, die ja auch unsere Individualität ausmachen? Nun sprechen wir in der Entwicklungspsychologie ganz selbstverständlich von den Veränderungen, die ein Mensch durchläuft, von der Geburt bis zum Tod. Wie kann man überhaupt daran zweifeln, daß Menschen sich verändern? Und betrachtet man den Menschen in einem größeren Lebenszusammenhang, dann wird erst recht deutlich, daß sich fast alles ständig verändert, alles im Wandel, im Fluß ist. Wie sollte es anders sein, ist die Veränderung doch unter anderem auch eine Funktion der Zeitlichkeit und des Todes, die unser Leben ganz wesentlich bestimmen. Veränderung ist so besehen das Natürlichste, das es überhaupt gibt. Es gilt allerdings zu unterscheiden zwischen den Veränderungen, in die wir hineingestellt werden, die wir passiv zunächst erleiden und mit denen wir uns auseinandersetzen müssen, und den Veränderungen, die wir aktiv herbeiführen wollen. Diese beiden Formen der Veränderung haben eine Wechselwirkung aufeinander, gelegentlich fallen die beiden Formen der Veränderungen auch zusammen, aber eben nur gelegentlich. Es gibt die Veränderungen, die sich ohne unser Zutun ereignen: Wir werden älter, die Jahreszeiten verändern sich, und dennoch bleiben wir trotz aller Veränderung auch dieselben.

Nehmen wir als Beispiel die Veränderung durch das Älterwerden: Betrachtet man das eigene Leben, dann wird man von sich mit 40 oder 50 Jahren nicht sagen, man sei noch derselbe oder dieselbe, die man mit zwanzig war. Man sagt dann von sich, man habe sich entwickelt. Hat man das nicht, dann wird zumindest von außen ein „Entwicklungsrückstand" kritisch festgestellt. Die mannigfachen Veränderungen werden als Entwicklung verstanden, auch als eine Herausbildung der Persönlichkeit zu ihrer Einmaligkeit, zu ihrem Besonderen hin. Und diese Entwicklung wird nicht einfach nur als eine Folge der verstrichenen Zeit verstanden, sondern auch als Leistung, gerade als Auseinandersetzung mit den Lebensthemen, die sich einem in den verschiedenen Lebensaltern stellen. Trotz aller Entwicklung, trotz aller Veränderung, trotz aller Wandlung sind wir aber auch dieselben geblieben. Auch wenn wir wesentlich älter geworden sind, erkennen wir uns auch noch als die Jugendlichen, die wir einmal waren, und als die Kinder, die wir einmal waren. Das ist das Geheimnis unserer Identität: Wir wandeln uns, bis wir sterben, und wir bleiben dennoch auch dieselben. Vielleicht könnte man sogar sagen, daß wir uns immer mehr zu unserem Wesentlichen hin wandeln, nehmen wir die Wandlungsimpulse, die Entwicklungsimpulse auf. Wir werden also durchaus aktiv, indem wir auf Veränderungen, denen wir eigentlich ausgeliefert sind, aktiv reagieren.

Dann gibt es aber auch Veränderungen, an denen wir weniger bewußt aktiv beteiligt sind, bei denen wir uns aber vorstellen, daß einige Menschen sie aktiv herbeigeführt haben: etwa die Veränderung wirtschaftlicher Strukturen oder die Wandlung von Weltanschauungen. Wir verändern uns, indem wir uns nachträglich mit diesen Veränderungen einverstanden erklären, einverstanden erklären müssen oder indem wir uns einfach an sie gewöhnen, uns in unseren Haltungen aber auch daran anpassen.

Es gibt aber auch die Veränderungen, die Wandlungen, die wir noch aktiver herbeiführen wollen. Sucht jemand zum Beispiel therapeutische Hilfe auf, weil er oder sie unter depressiven Verstimmungen leidet, dann aus der Hoffnung heraus, daß etwas im Leben, in der Psyche, in den Beziehungen usw. dergestalt verändert werden kann, daß die depressive Grundstimmung einer mehr heiteren, gelassenen Grundstimmung weichen kann. Es ist die Hoffnung auf Veränderung, die Hoffnung auf eine bessere Zukunft hin, die Menschen Therapie aufsuchen läßt. Die allenfalls damit verbundene Illusion hat ebenfalls mit dem Thema der Wandlung zu tun: Der Mensch ist nicht beliebig wandlungsfähig. Die Sehnsucht, „ein ganz anderer" oder „eine ganz andere" zu werden, ist zwar eine tief im Menschen angelegte Sehnsucht. Sie ist geradezu der Beweis dafür, wie sehr wir auf Wandlung angelegt sind: Wie könnten wir sonst uns nur wünschen können, daß wir auch ganz anders werden könnten! In der Realität aber können wir nicht ganz andere werden. Es gibt Veränderbares, es gibt aber auch Konstanten im Leben eines Menschen. Wir können uns verändern auf Möglichkeiten hin, die in uns angelegt sind, und das sind nicht wenige. Wir können uns also immer wieder auch neu entdecken. Aber auch das genügt gelegentlich nicht zur erfolgreichen Wandlung: Wie oft fallen wir doch in „altes" Verhalten zurück, wie schwer ist es doch, schlechte Gewohnheiten zu verlernen!

Das Thema der Wandlung wird durch das Symbol des „göttlichen Kindes" ausgedrückt.

„Das göttliche Kind" ist ein Symbol, das in vielen verschiedenen Mythologien vorkommt, denken wir etwa an Jesus, an Buddha, am Hermes, an Dionysos, an Krishna usw. Das „göttliche Kind" zeichnet sich durch eine besondere, wunderbare Geburt aus, eventuell durch eine spezielle Form der Zeugung, wie etwa die Geburt durch eine Jungfrau. Ist das Kind einmal auf der Welt, dann ist es grundsätzlich gefährdet, allenfalls auch verlassen. Gefährdet nicht selten durch Dämonen oder alte Könige (Herodes z.B.), die das Kind auslöschen möchten, es zum Verschwinden bringen möchten. Die Bedrohung durch Widersacher führt aber dazu, daß das Kind erstarkt und sich in seiner Unbesiegbarkeit als Wesen erweist, das die Welt verändern kann. Würde das göttliche Kind zerstört, könnte es den Widersachern nicht trotzen, dann wäre es eben kein göttliches Kind.

Das mythologische Motiv des „göttlichen Kindes" samt den dazugehörigen Strukturelementen des Mutterraums, der doppelten Geburt und der Bedrohung durch Dämonen, findet sich in der Religion, der Kunst, der Literatur, in Träumen usw. Die Phänomenologie ist eine ähnliche, wenn auch jeweils kulturell überformt, die starke Emotion, die mit diesen Bildern verbunden ist, ergreift auch in ähnlicher Weise die, die sich von diesem Symbol betreffen lassen. Lassen wir uns auf dieses Motiv ein, so bricht auch in uns Hoffnung auf Zukunft auf, auf Neuwerdung, auf Wachstum in die Selbständigkeit hinein. Wird das Symbol des „göttlichen" Kindes erfahrbar, dann ist damit ein Element der möglichen Neugestaltung verbunden, der schöpferischen Veränderung, aber auch die Bedrohung der schöpferischen Veränderung, der ewige Kampf zwischen Neuem und Altem. Insgesamt bleibt es aber eine Hoffnung auf immer wieder mögliche Neuwerdung des Lebens, auf immer wieder mögliche Veränderung, die aber auch immer bedroht ist. Ist das Symbol des „göttlichen Kindes" so etwas wie der in jedem Menschen immer wieder erfahrbare Aufbruch von Hoffnung auf Wandlung, auf Veränderung hin, die sich meistens nach einer Zeit des großen Dunkels einstellt, sozusagen als Umschlagspunkt, der hoffen läßt, so bleibt immer noch die Aufgabe, diese Veränderungen dann auch kontinuierlich ins Leben hineinzutragen. Die Bewegung von aufbrechender Hoffnung und Angst vor Bedrohung begleitet diese Prozesse.

Auch wenn Wandlung nicht leicht durchzutragen ist, sie bedeutet dennoch, daß immer wieder neue Seiten an uns aufbrechen, daß wir uns neu wieder entdecken können.

Frau Dr. Karin Walter vom Herder Verlag ist es aufgefallen, daß viele meiner Vorträge und Schriften sich mit dem Thema der Wandlung beschäftigen. Ich selbst finde das Thema der Wandlung, wie schon gesagt, eines der faszinierendsten Themen überhaupt und aber auch noch immer ein sehr geheimnisvolles Thema. Karin Walter traf dann aus Schriften von mir, die zum Teil unpubliziert, zum Teil in wenig zugänglichen Schriften publiziert sind, eine Auswahl, von der ich meine, daß sie das Thema des Wandels von verschiedenen Seiten aus beleuchten. Sie hat in meinen Augen eine ausgesprochen gute Auswahl getroffen. Ich bedanke mich bei ihr sehr herzlich für die Idee zu dieser Publikation, aber auch für die einfühlsame Auswahl von Texten.

Verena Kast

1. Teil
Wie Wandlung möglich werden kann

Sprechen wir von Wandlung, dann sprechen wir unter anderem auch von schöpferischen Prozessen, von Prozessen, in denen etwas sich zeigt und auch lebbar wird, was zuvor nicht existiert hat, etwas, das man neu aus irgendeiner Quelle geschöpft hat. Auch wenn man den schöpferischen Prozeß verhältnismäßig gut beschreiben kann, der Moment, in dem das Neue aufblitzt, die Situation, in der man einen Einfall hat, bleibt geheimnisvoll. Der Einfall, der Moment, in dem die schöpferische Idee aufblitzt, ist nicht machbar, er ereignet sich, oder ereignet sich eben nicht, und er bleibt auch in sich geheimnisvoll, trotz allen Forschens.

Die Hoffnung auf schöpferische Veränderung steht hinter aller Hoffnung auf das „bessere Leben", die uns Menschen auszeichnet, und die ja gelegentlich gegen alle Vernunft zu stehen scheint, und die uns dennoch hilft, das Leben zu bestehen.

Schöpferische Veränderung zeigt sich unter anderem sowohl in der Symbolbildung als auch in der Entwicklung von Symbolen, und zwar den persönlichen und den kollektiven. Spüren wir den Symbolen nach, zum Beispiel anhand eines Märchens, dann erfassen wir einen Aspekt der schöpferischen Wandlung. Aus einer Mangelsituation, die zu Beginn des Märchens geschildert und meistens symbolisch ausgedrückt wird, wird am Ende des Märchens ein Symbol, das geglücktes Leben ausdrückt. Dazwischen stehen verschiedene wunderbare Wandlungen, schöpferische Wandlungen, oft auch wieder ausgedrückt in Symbolen, die dem Protagonisten oder der Protagonistin des Märchens widerfahren sind und die von ihm oder ihr durchgetragen werden.

Schöpferische Veränderung sollte aber nicht nur im Bereich der Phantasie erlebbar sein, obwohl es auch schon für die Alltagsbewältigung hilfreich ist, wenn es gelingt, fixe Vorstellungen durch mehr flexiblere zu ersetzen; schöpferische Veränderung muß sich dann aber letztlich auch im Lebensvollzug bewähren.

Ein schöpferischer Prozeß, der Wandlung bewirkt – vom Umgang mit Symbolen

„Der schöpferische Weg ist der Beste, dem Unbewußten zu begegnen. Denken Sie sich zum Beispiel eine Phantasie aus und gestalten Sie sie mit allen Ihnen zur Verfügung stehenden Kräften. Gestalten Sie sie, als wären Sie selber die Phantasie oder gehörten zu ihr, so wie Sie eine unentrinnbare Lebenssituation gestalten würden. Alle Schwierigkeiten, denen Sie in einer solchen Phantasie begegnen, sind symbolischer Ausdruck für Ihre psychischen Schwierigkeiten, und in dem Maße, wie Sie sie in der Imagination meistern, überwinden Sie sie in Ihrer Psyche" (C. G. Jung).

Das Erleben von Symbolen

Symbole erleben wir in Träumen, in Phantasien, in Kunstwerken, in Faszinationen, im Alltag, in Märchen und Mythen, in Symptomen ... Wird ein Symbol bedeutsam für unser Leben, dann beginnen wir, unsere aktuelle Lebenssituation auf dieses Symbol hin zu beziehen und zu verstehen. Emotionen und Bedeutungen, die mit diesem Symbol verbunden sind, werden erlebt und erinnert. Leben im Zusammenhang mit diesem Symbol wird bedeutsam. Wir beginnen uns dafür zu interessieren, welche Bedeutung dieses Symbol in der Menschheitsgeschichte schon immer gehabt hat. Wir versuchen zu verstehen, welche Bedeutung für unser aktuelles Leben stimmig sein könnte. Das Symbol meint einerseits unsere ganz aktuelle existentielle Situation und verweist gleichzeitig auch auf Hinter-Gründiges, auf Zusammenhänge, die jeweils nicht besser als eben in diesem Symbol auszudrücken sind. Auch wenn wir meinen, ein Symbol zu verstehen, wenn wir mit ihm in Kontakt getreten sind, behält es doch immer noch einen Bedeutungsüberschuß in der jeweiligen Situation. Gerade dieser Bedeutungsüberschuß bewirkt, daß das Symbol Hoffnungen in uns erweckt, Erwartungen am Leben hält. Den Symbolen sind Erinnerung und Erwartung eigen.

Für den therapeutischen Prozeß sind Symbole Brennpunkte unserer menschlichen Entwicklung, Verdichtungskategorien: Lebensthemen, die einerseits unsere Schwierigkeiten ausmachen, aber auch unsere Lebensmöglichkeiten in sich bergen, unsere Entwicklungsmöglichkeiten abbilden. Zudem zeigen Symbole – und darauf hat Jung immer wieder hingewiesen –, daß unsere persönlichen Probleme meist typisch menschliche Probleme sind; Probleme, mit denen Menschen schon immer gerungen haben, was sich ja im Niederschlag der Dichtung, der Kunst, der Philosophie zeigt.

Ein Beispiel: Ein 44jähriger Mann, sehr gefangen vom Prinzip „Bewältigung", sehr erfolgreich in seinem Beruf, kommt in Therapie, weil er seine Beziehungen als unbefriedigend empfindet, sich selbst als verschlossen, wenig herzlich. Seine zweite Ehe ist eben gescheitert. Obwohl er an äußeren Maßstäben gemessen in seinem Leben viel erreicht hat, fragt er sich doch, „ob das denn nun alles sei", ob er schon die Grenzen seines Lebens ausgeschritten habe. Nach vierzehn Stunden Therapie bringt er den ersten Traum:

„Ich bin in einem sterilen Gebäudekomplex der frühen siebziger Jahre. Alles ist sehr sauber, grau und steril. Ich suche eine bestimmte Wohnung, kann sie aber nicht finden. Als ich sie endlich finde, ist die Türe verschlossen. Ich habe das Gefühl, daß sich in der Wohnung etwas Wichtiges verbirgt. Ein kleiner Bub kommt, er hält in der Hand eine tiefrote Blume. Er hält sie mit beiden Händen, sehr sorgsam. Er schaut die Blume an und geht einfach durch eine Tür, vor der ich stehe. Ich bin äußerst verwundert, denke: Das darf doch nicht wahr sein! – Ich erwache."

Sein Kommentar zu dem Traum, von dem er sichtlich beeindruckt war: „Das ist jetzt natürlich Traumbewußtsein. Dieses gilt nicht für das alltägliche Leben." Nach dem Gefühl befragt, das der Traum ausgelöst habe, sagte er, er sei fasziniert von diesem Traum. Einmal davon, daß er überhaupt träume und auch einen Traum im Bewußtsein behalten könne, dann aber auch über diesen speziellen Traum. Als erstes sei ihm der Satz in den Sinn gekommen: „Blumen öffnen Türen." Das wäre ganz wunderbar, wenn es so wäre und er die Blume hätte. Er sei auch fasziniert gewesen von der Konzentration des kleinen Buben. Wie er vor lauter Konzentriertsein auf die Blume diese fast zerdrückt hätte. Aber ganz gepackt sei er von der roten Blume, die müsse doch etwas bedeuten. Davon, daß er eigentlich in diese Wohnung hineingehen wollte, daß ihm da zunächst noch etwas verschlossen blieb, war nicht mehr die Rede.

Der kleine Bub mit der roten Blume, vor allem aber die rote Blume waren die Traumsymbole, von denen der Träumer ergriffen war, die ihm plötzlich viel bedeuteten. Ich fragte ihn, ob ihn der kleine Bub an jemanden erinnere. An seinen eigenen Buben, sagte er. Der sei ein Träumer, könne auch ganz konzentriert auf einen Aspekt des Lebens sein und alles andere vernachlässigen. Eigentlich beneide er seinen kleinen Sohn um diese Fähigkeit. Aber er schelte ihn oft deswegen, er müsse realistischer werden. Ob ihn der Bub auch an ihn selbst als Kind erinnere? Ja, er habe oft etwas getragen, wie der Bub im Traum, einen Vogel, erinnere er sich, oder Erdbeeren. Die Erdbeeren habe er jeweils zerdrückt und die Kleider schmutzig gemacht, mit dem Vogel sei er in eine Fensterscheibe hineingelaufen, weil er so sehr achtgab, daß dem Vogel nichts passierte. Wie er sich damals gefühlt habe? Er sei emotional ganz bei einer Sache gewesen, ganz vertieft, diese eine Sache habe ihn ganz ausgefüllt. Heute würde er dieses Gefühl „Lebensgefühl der Dichte" nennen. Aber er sei dann auch immer gescholten worden, er sei als Träumer beschimpft worden, mehr Realitätssinn wurde gefordert. Und bitter fügte er hinzu: „Den habe ich jetzt im Laufe des Lebens genügend bewiesen."

Fast beiläufig wird ihm bewußt, daß er mit seinem Sohn so umgeht, wie man mit ihm als Kind umgegangen ist. Es wird deutlich, daß das Traum-Symbol eine Dimension der Erinnerung abdeckt. Nicht nur die Beziehung zu seinem Sohn kommt in ihrer Problematik ins Bewußtsein, sondern auch die Erinnerung an die eigene Kindheit, an ihn als Kind, das ihn fasziniert, das er aber nicht mehr sein durfte, weil Anpassung an die Realität so sehr gefragt war. Das Traumsymbol kann über diesen Zusammenhang in Beziehung mit der aktuellen Lebenssituation gebracht werden. Das Symbol hat aber auch eine Dimension der Erwartung: indem das Kind im Traum auftritt, mit einer Blume eine Türe auf unkonventionelle Art und Weise öffnet, Gefühle im Träumer weckt, die mit diesem Kind verbunden sind, zeigt sich, daß dieses Kind in der Seele noch vorhanden ist, einschließlich der Gefühlsqualität, die es verkörpert. Auf die Assoziationen zur roten Blume befragt, sagte der Träumer, sie drücke Lebendigkeit, aber auch Heftigkeit, Intensität des Gefühls aus. Mit einer neuen Intensität des Gefühls können neue Räume betreten werden, können Durchgänge geschaffen werden. Der Träumer versteht, daß alle diese Lebensgefühle, die er mit dem Buben und mit der Blume verbindet, Gefühle sind, die in ihm einmal wach waren und die er jetzt wieder dringend braucht, um sich neue Lebensräume zu erschließen. Und obwohl ihm noch viele Einfälle zu dieser roten Blume kamen, war sie in ihrer Bedeutung noch immer nicht ganz erfaßt.

Ein Symbol ist ja geradezu dadurch gekennzeichnet, daß es in sich einen Bedeutungsüberschuß hat, daß man es in seiner Bedeutung eben nicht erschöpfen kann. Er erzählte Wochen, nachdem er den Traum geträumt hat, er sehe jetzt viele rote Blumen. Es sei schwierig, die Blume zu finden, von der er geträumt hat. Er spürte auch deutlich den Unterschied zwischen einem „Zweckbautengefühl" und dem „Rote-Blume-Gefühl". Mit diesem Symbol verbindet er eine Hoffnung, eine Erwartung, ohne daß er sich bewußt anstrengt. Einmal versuchte er das Lebensgefühl, das er als kleiner Bub hatte, wieder zu spüren, dann aber erwartet er eine geheimnisvolle Lebenserfahrung, die in dieser roten Blume nun einmal so und nicht anders ausgedrückt ist, die sich aber entfalten wird, Gestalt annehmen wird. Das Verständnis des Symbols wäre einseitig, würden wir den finalen Aspekt nicht auch mitbedenken in der Frage: Was wird der Bub mit der roten Blume für diesen Menschen bedeuten, was werden die beiden ihm eröffnen?

Persönliche und kollektive Symbole

Symbole sind Bilder, die für uns eine emotionelle Bedeutung haben, sie sind bestmöglicher Ausdruck für eine emotionell bedeutsame Situation. Im Symbol ist auch eine zukünftige Entwicklungslinie gekennzeichnet und erfaßt. Das Symbol offenbart etwas, es eröffnet uns aber auch etwas, nämlich neue Perspektiven des Erlebens und des Selbstverständnisses. Aber nur dann, wenn wir uns empathisch auf das Symbol einlassen, werden wir auch dieses Offenbarende, dieses Eröffnende erleben können.

Bei diesem Sich-empathisch-auf-ein-Bild-Einlassen geht es darum, das Rationale, aber auch das Irrationale, das mit einem Symbol verbunden ist, das Erhabene und das Lächerliche, das Verstehbare und das Unverständliche zu erfassen. Die Frage ist zudem auch immer, ob wir uns auch betreffen lassen, wenn uns jemand an seinen Symbolen, an seinen Bildern Anteil nehmen läßt, ob wir unsere eigenen Bilder zu den Bildern aufsteigen lassen können. Das hängt nicht nur von unserer Bereitschaft ab, empathisch auf Symbole eines anderen Menschen einzugehen, sondern auch davon, ob die geschilderten Symbole mehr eine persönliche Bedeutung haben, also nur für den bedeutsam sind, der sie erlebt, oder ob sie über diese persönliche Bedeutung hinaus eine kollektive Bedeutung haben.

Jung unterscheidet Phantasien persönlichen Charakters, die auf persönliche Erlebnisse zurückgehen und aus der individuellen Anamnese weitgehend geklärt werden können, von Phantasien überpersönlichen Charakters. „Diese Phantasiebilder haben unzweifelhaft ihre nächsten Analoga in den mythologischen Typen, es ist darum anzunehmen, daß sie gewissen kollektiven Strukturelementen der menschlichen Seele überhaupt entsprechen." Diese kollektiven Strukturelemente nennt Jung andernorts auch Archetypen. Er hält sie für die „A-priori-Determinanten der Imagination und des Verhaltens". Archetypen werden von ihm als anthropologische Konstanten des Erlebens, Abbildens, Verarbeitens und Verhaltens gesehen. Wenn dem so ist, muß es möglich sein, jedes Symbol letztlich auf ein archetypisches Bild zurückzuführen. Das heißt, daß Bilder, die für uns ganz persönlich bedeutsam sind, auch mit Strukturelementen angereichert sind, die nur aus unserer persönlichen Lebensgeschichte heraus verstehbar sind, in ihrer Grundstruktur mit Bildern übereinstimmen, und damit auch mit Emotionen und Sinnfindungsprozessen, die irgendwann und irgendwo in der Geschichte der Menschheit gekannt, thematisiert und dargestellt worden sind. Dies entspricht der Idee, daß wir Menschen eben typisch menschliche Schwierigkeiten, typisch menschliche Bilder, Erlebnismöglichkeiten, Emotionen und Verhaltensweisen kennen, die allerdings auch von der je eigenen individuellen Erlebens- und Verhaltensweise überlagert werden. Wir sind also immer mehr als unsere Lebensgeschichte.

Betrachten wir die Fragestellung nach dem individuell beziehungsweise kollektiv bedeutsamen Symbol im Spiegel des geschilderten Traums: In diesem Traum sind verschiedene kollektive Symbole dargestellt. Da ist einmal das Motiv der Suche nach dem Verborgenen, vielleicht das Motiv des Suchens überhaupt; ein Motiv, das den Menschen als Menschen geradezu kennzeichnet – der Mensch als Suchender. Auch das Motiv der „verschlossenen Türen" ist ein Symbol, das uns alle betreffen kann: wie oft fühlen wir uns in vielfältiger Weise vor verschlossenen Türen, wissen nicht, wie sie zu öffnen sind. Die weite Thematik des Öffnens und Sich-Verschließens, des Offenseins und des Verschlossenseins ist angesprochen. Weiter begegnen wir in diesem Traum dem Symbol der wunderbaren Wandlung, dem Ausdruck für die Möglichkeit, daß Leben sich schöpferisch verändern kann – wenn auch diese Wandlungen uns oft als „unglaublich" erscheinen. Diese schöpferische Wandlung ereignet sich im Zusammenhang mit dem Kind und der roten Blume. Auch das Kind ist nicht einfach ein Kind, sondern ein Symbol, das uns den immer wieder möglichen – auch immer bedrohten – Neuanfang allen Lebens und die dadurch verheißene Entwicklung ins Gefühl zurückbringt. Das Kind läßt uns nicht nur an unsere Kinder denken und an das Kind, das wir einmal gewesen sind, sondern auch daran, daß alles Leben immer wieder die Kindform kennt. Das Symbol lockt jene Gefühle aus uns heraus, die Kinder in uns auslösen können und die wir und sie brauchen, um auch mit dem, was kindlich ist und was kindlich geblieben ist in unserer Seele, umzugehen. Auch die rote Blume hat bestimmt nicht nur eine Bedeutung für diesen einen Träumer, obwohl sie ihn ganz zu faszinieren vermag.

Symbole als Abbild der Komplexe

Symbole sind Brennpunkte menschlicher Entwicklung. In ihnen verdichten sich existentelle Themen, in ihnen sind aber nicht nur Entwicklungsthemen, sondern damit verbunden auch Hemmungsthemen angesprochen. Das wird uns dann klar, wenn wir uns die verschiedenen Themen des geschilderten Traums noch einmal vergegenwärtigen. Da ist das Thema der verschlossenen Türen, die aufhören, verschlossen zu sein. Das Kind mit der roten Blume wird in der Bedeutung seiner Lebendigkeit gesteigert angesichts dieser grauen Leblosigkeit. Daß im Symbol immer ein Hemmungsthema, das zugleich ein Entwicklungsthema ist, angesprochen ist, wird dann deutlich, wenn wir bedenken, daß Symbole Komplexe abbilden. Jung sagt von den Komplexen, sie würden eine eigentümliche Phantasietätigkeit entwickeln; im Schlaf erscheine die Phantasie als Traum, aber auch im Wachen würden wir unter der Bewußtseinsschwelle weiterträumen, wegen der „verdrängten oder sonstwie unbewußten Komplexe".

Schon 1916 hat Jung auf die gefühlsbetonten Inhalte hingewiesen, die Ausgangspunkt von Imaginationen (Phantasiebildungen, Bilderfolgen), also Ausgangspunkt zur Symbolbildung sind. Komplexe sind Energiezentren, die sich um einen affekt-betonten Bedeutungskern aufbauen, hervorgerufen vermutlich durch einen schmerzhaften Zusammenstoß des Individuums mit einer Anforderung oder einem Ereignis in der Umwelt, denen es nicht gewachsen ist. Sie sind Verdichtungen und Generalisierungen von meist schwierigen Beziehungserfahrungen in unserer Kindheit und auch später. Jedes Ereignis in ähnlicher Richtung wird dann im Sinne dieses Komplexes erlebt und gedeutet und verstärkt den Komplex: der Gefühlston, die Emotion, die mit diesem Komplex verbunden ist und ihn zum Teil auch ausmacht, wird dabei verstärkt. So bezeichnen die Komplexe die krisenanfälligen Stellen im Individuum. Als Energiezentren haben sie aber eine gewisse Aktivität – ausgedrückt in der Emotion –, die zu einem großen Teil das psychische Leben ausmacht. Sicher liegt im Komplex vieles, was das Individuum in seiner persönlichen Weiterentwicklung hindert, in diesen Komplexen liegen aber auch die Keime neuer Lebensmöglichkeiten. Diese schöpferischen Keime zeigen sich dann, wenn wir die Komplexe akzeptieren, wenn wir sie ausphantasieren lassen. Wir alle haben Komplexe, sie sind Ausdruck von Lebensthemen, die auch Lebensprobleme sind. Sie machen unsere psychische Disposition aus, aus der keiner herausspringen kann. So wären also die Symbole der Ausdruck der Komplexe, gleichzeitig aber auch deren Verarbeitungsstätte. Komplexe sind ja an sich nicht sichtbar. Sichtbar und fühlbar ist die Emotion, die ihnen eignet; sichtbar sind auch die stereotypen Verhaltensweisen im Komplexbereich. In den Symbolen werden die Komplexe sichtbar, durch die Phantasie, denn wo Emotionen sind, sind auch Bilder.

Jung unterscheidet zwischen persönlichen und kollektiven Komplexen. Während persönliche Komplexe die persönliche Eigenart, die persönlichen Gesichtspunkte und die persönliche Weltanschauung begründen, gehen von den kollektiven Komplexen Philosophien, Religionen, kollektive Weltanschauungen aus. Sie begründen auch Geschichte. Man erkennt die Nähe zum Archetypus. Der Unterschied besteht darin, daß ein Archetypus als Möglichkeit bestehen kann, ohne in Beziehung zu einem bewußten Symbol zu stehen. Der Komplex hat immer eine Beziehung zum Bewußtsein, steht mit diesem in Auseinandersetzung, ist also konstelliert, wie wir das nennen, und besteht aus archetypischem und persönlichem Material. Diese Phantasien, die auch Ausdruck der Komplexe sind, weisen auf ein noch nicht erreichtes Ziel hin. Auch dies ist eine Idee, die von Anfang an mitgeschwungen hat im Begriff des Symbols und die Jung in seinem letzten Buch *Mysterium Conjunctionis* (1954) nochmals aufgreift. Meines Erachtens ist dieses Hinweisen auf Unbekanntes, auf noch nicht Gewußtes, Ausdruck dafür, daß psychisches Leben die Tendenz hat, sich schöpferisch zu entwickeln, wenn man diese Prozesse nicht hemmt. Diese schöpferischen Entwicklungsprozesse werden, wenn immer möglich, in der Therapie aufgenommen.

Fassen wir zusammen, was Jung im Laufe der Zeit zum Symbol gesagt hat, dann ergibt sich etwa folgendes: Traumbilder und spontane Phantasiebilder sind Symbole, die als natürliche Lebensäußerungen des Unbewußten sich immer dort bilden, wo Emotion mit im Spiel ist. So drückt ein Symbol eine unbewußte Projektion aus. Das ergibt die zweifache Bedeutung des Symbols: die diagnostische und die therapeutische. Einerseits ist das Symbol diagnostisch eine Aussage über konstellierte Komplexe, der zugehörigen Emotion und der daraus resultierenden Erlebnis- und Verhaltensweisen. Andererseits wird am Symbol die Tendenz der Psyche sichtbar, aus dieser Komplexkonstellation heraus sich zu entwickeln, da in ihm auch immer eine Tendenz nach vorwärts besteht, nach Entwicklung (ausgedrückt nach Jung in der Komponente, daß im Symbol immer etwas noch nicht Gewußtes enthalten ist, da es sonst gar kein Symbol wäre). Dabei hilft die Energie, die im Komplex gebunden ist, eben diese Komplexkonstellation zu überwachsen, wenn es gelingt, den Komplex an das Bewußtsein anzuschließen. Neben dem diagnostischen Aspekt finden wir in den Bildern also auch einen therapeutischen Aspekt. Das Selbstbild und das Weltbild verändern sich, wenn wir die Bilder aufnehmen können, wir spüren Hoffnung, „archetypisch eingekapselte Hoffnung" (Bloch).

Diese schöpferische Entwicklung wird im Symbol sichtbar und auch über das Symbol ans Bewußtsein herangetragen und bearbeitet. Im Aufsatz *Die transzendente Funktion* von 1916 schreibt Jung eingehend über Symbolisierung. Jung berichtet, wie Unbewußtes und Bewußtsein in einem Symbol „transzendiert" werden, das ein Drittes ist und über die gegensätzlichen Positionen hinausweist. Deshalb der Name „transzendente Funktion", wobei transzendent nicht von vornherein religiöse Bedeutung hat. Energetisch denkt sich Jung den Vorgang so: Herrschen im Bewußtsein und im Unbewußten eines Menschen entgegengesetzte Intentionen, dann kommt die psychische Dynamik vorübergehend zum Stillstand. Die psychische Energie regrediert, und im Unbewußten wird dadurch ein Drittes konstelliert, das die beiden gegensätzlichen Positionen in sich hat, aber auch über diese hinausweist. Dabei ist wesentlich, daß das Unbewußte sich ausdrücken darf und wahrgenommen wird, und daß das Ich, das von Jung als „kontinuierliches Zentrum des Bewußtseins" bezeichnet wird, sich mit den Äußerungen des Unbewußten auseinandersetzt. 1916 beschreibt Jung den Prozeß der Symbolbildung so, wie heute das Prinzip der schöpferischen Prozesse beschrieben wird.

Jung weist im übrigen darauf hin, daß die Symbolbildung oft mit psychogenen körperlichen Störungen verbunden ist. Er begründet dies einerseits damit, daß das „Unbewußte die Psyche aller autonomen Funktionskomplexe des Körpers" ist. Andererseits läßt sich dieses Phänomen auch aus seiner Komplexdefinition erschließen. Das Wesentliche an einem Komplex ist die damit verbundene Emotion. Emotionen haben aber immer ein physiologisches Korrelat. Mit dieser Sichtweise hat Jung schon früh Aspekte zur ganzheitlichen psychosomatischen Sichtweise des Menschen beigetragen, wie sie heute aus der Sicht verschiedener Autoren langsam zum Allgemeingut unseres Denkens und Erlebens werden. Das bedeutet aber, daß wir auch körperliche Symptome als Symbole auffassen können, uns fragen können, welche Bedeutung damit verbunden, welcher Sinn dahinter verborgen ist. Dasselbe könnten wir uns auch anhand sozialer Phänomene fragen. Überhaupt stellt sich die Frage, ob es Wandlungen gibt, die nicht alle Bereiche des Menschen gleichzeitig erfassen, wobei sich das Symbol auf einer Ebene bevorzugt ausdrückt.

Der therapeutische Umgang mit Symbolen

Der therapeutische Prozeß, verstanden als Individuationsprozeß, besteht im wesentlichen darin, daß sich das Unbewußte und das Bewußtsein im Bereich der jeweils belebten Inhalte, im Symbol, verbinden. Diese Symbolbildungen ermöglichen die schöpferische Entwicklung der Persönlichkeit: Ein Mensch wird in lauter kleinen Schöpfungsakten immer mehr er selbst, Lebensmöglichkeiten werden lebbar, die wirklich seine Persönlichkeit ausmachen. Die Regulierungen in der Psyche als einem selbstregulierenden System werden über die Symbole und die Symbolbildungen ans Bewußtsein herangetragen.

Es wäre aber falsch, bei diesen Prozessen nur immer den Moment der Geburt des Symbols im Auge zu haben. Der Vergleich mit dem schöpferischen Prozeß legt nahe, daß das Wesentliche des Prozesses zwar im Aufleuchten der neuen Idee zu sehen ist und damit auch im Erleben eines neuen Lebensgefühls. Dem geht aber ein langer Prozeß von Unsicherheit, von Frustration, aber auch der harten bewußten Auseinandersetzung mit dem Forschungs- oder dem Gestaltungsgegenstand voraus. Übertragen auf psychische Prozesse bedeutet das, daß die Gegensätze zwischen dem Bewußten und dem Unbewußten oft qualvoll lange betrachtet und ertragen werden müssen, bis sich ein neues Symbol und damit auch ein neuer Lebensinhalt einstellt. Dennoch – es gibt diese Symbolbildungen, und sie wirken, wenn wir sie aufnehmen können, sei es als Traum, als Phantasie oder als Faszination in der Projektion, wie „schöpferische Sprünge" in unserem Leben.

Beim therapeutischen Umgang mit dem Symbol geht es zunächst einmal darum, das jeweilige Symbol wahrzunehmen, es festzuhalten und sich von ihm gefühlsmäßig betreffen zu lassen. Es gilt, die emotionelle Wirkung der Symbole zu erleben und damit ihre emotionelle Bedeutsamkeit und das damit verbundene Veränderungspotential für unsere Lebenssituation zu erfahren. Sehr oft wird diese Haltung zunächst vom Analytiker an den Analysanden herangetragen. Inhaltlich arbeiten wir mit Träumen, mit Alltagsgegebenheiten oder mit Erfahrungen in der analytischen Beziehung, und wir versuchen alle diese Symbole in Beziehung zu setzen zur aktuellen Situation des Analysanden. Wir versuchen, die Botschaft, die in den jeweils erlebten Symbolen enthalten ist, zu verstehen und damit dem Erleben und Denken des Analysanden eine neue Perspektive hinzuzufügen. Diese Botschaft richtet sich – innerhalb einer Therapie – sowohl an den Therapeuten als auch an den Analysanden. Für den Therapeuten bringt jedes Symbol einen Aspekt der Diagnose, der Prozeßdiagnose in dem Sinne, daß sie uns sagt, wie sich der Analysand verändert hat, welche Probleme anstehen und in welche Richtung die Entwicklung tendiert. Für den Analysanden ist ein Symbol ein Bild mit einem sehr hohen subjektiven Bedeutungsgehalt, mithin hochemotional, begleitet vom Gefühl, lebendig zu sein und etwas Bedeutsames zu erleben. Inhaltlich wird das, was sich tut, gemeinsam von Analysand und Therapeutin erarbeitet.

Dabei können Symbole auf Erfahrungen in der Mitwelt (objektstufige Deutung) oder aber auch auf innerpsychische Erfahrungen und Strukturen (subjektstufige Deutung) bezogen werden. „Subjektstufig" heißt, daß man symbolische Inhalte, die in einem Bild, in einem Traum, einer Phantasie auftauchen, in der analytischen Beziehung als Wesenszüge des Menschen, der dieses Symbol erlebt hat, sieht. Die subjektstufige Interpretation wird immer auch ergänzt durch die objektstufige Interpretation, bei der symbolische Inhalte Begebenheiten im realen Alltag entsprechen: Menschen, die wir im Traum treffen, Menschen, die wir kennen, Beziehungsprobleme, die sich im Traum oder in Symbolen darstellen, sind Abbildungen des Alltags. Indem wir Symbole auf der Subjektstufe betrachten, versuchen wir, diese Inhalte aus der Projektion zurückzuholen, sie als eigene Wesensanteile zu sehen und zu ergründen, welche Wirkungen sie auf die zwischenmenschlichen Beziehungen haben. Die subjektstufige Deutung ist ein wesentlicher methodischer Zugang zu den Symbolen, den Jung eingeführt hat und der heute von vielen psychologischen Schulen übernommen worden ist. Theoretisch beruht die Möglichkeit der subjektstufigen Interpretation auf der Idee, daß das, was außen ist, auch innen ist; daß das, was wir in der Beziehung zur Welt und in Repräsentanten der Welt erleben, auch unsere innerpsychische Wirklichkeit ausmacht. Die ganze Welt ist auch ein Symbol für unsere Innenwelt.

Kann ein Symbol nicht, oder nicht befriedigend, aus dem persönlichen Kontext heraus verstanden, kann zu einem Bild überhaupt keine Assoziation beigebracht werden, dann versuchen wir, ähnliche Motive aus Märchen, Mythologie, Dichtung oder Religionsgeschichte heranzuziehen und diese auf ihren Bedeutungsgehalt und ihre psychische Entsprechung zu befragen. Es ist eine Grundhypothese der Jungschen Psychologie, daß an Märchenmotiven und an mythologischen Motiven Struktur und Dynamik der Psyche sichtbar werden.

Die Amplifikation von Symbolen durch Märchenbilder

Mir scheint, in diesem Zusammenhang eignen sich am ehesten die Märchen zum Vergleich mit dem persönlichen Material. Immer wieder ist eine große Ähnlichkeit unserer Traum- und Imaginationsbilder mit den Märchenbildern festzustellen. Bei der Amplifikation – beim Hineinstellen eines persönlichen Bildes in den größeren Zusammenhang eines Motivs aus Mythos oder Märchen – scheint mir vor allem wichtig, daß man die Dynamik innerhalb der jeweils dargestellten Zusammenhänge von verschiedenen Symbolen beleuchtet, um den symbolischen Prozeß verstehen zu können.

Als Beispiel möchte ich noch einmal den eingangs erwähnten Traum beiziehen. Daß eine rote Blume eine Türe aufspringen läßt, ist ein Motiv, das wir aus dem von den Brüdern Grimm aufgezeichneten Märchen „Jorinde und Joringel" kennen.

Jorinde und Joringel, die in den Brauttagen sind, kommen bei einem Spaziergang im Wald dem Schloß einer Erzzauberin zu nahe und werden von dieser verzaubert. Joringel wird vorübergehend versteinert, Jorinde wird als Nachtigall von der Zauberin in einen Saal gebracht, wo schon 7000 solcher Vögel sind. Joringel wird später wieder frei, trauert um Jorinde, geht fort, hütet Schafe, umringt immer wieder in sicherem Abstand das Schloß und sinnt darüber nach, wie er Jorinde zurückgewinnen könnte. Eines Nachts hat er einen Traum:

Er findet eine blutrote Blume, in deren Mitte eine schöne große Perle ist. Die Blume bricht er und geht damit zum Schloß: Alles, was er mit der Blume berührt, wird von der Zauberei frei. So bekommt er Jorinde zurück. Wieder aufgewacht, beginnt er, in Berg und Tal nach dieser Blume zu suchen, und nach neun Tagen findet er am Morgen eine rote Blume. In deren Mitte ist ein großer Tautropfen, so groß wie die schönste Perle. Diese Blume trägt er zum Schloß, und obwohl er dem Schloß ganz nahe kommt, wird er nicht versteinert, sondern die Pforte öffnet sich, er geht ins Schloß und erlöst Jorinde vom bösen Zauber.

Im Märchen haben wir eine blutrote Blume mit einer Perle oder einem Tautropfen im Gegensatz zum Traum, wo wir die Blume allein haben. Auch trägt sie kein kleiner Bub, sondern ein Mann, der schon viel auf sich genommen hat, um diese Blume zu finden. Hier wird sichtbar, daß das Symbol, das wir träumen, zwar unser ganz persönliches Symbol ist, andererseits aber auch auf eine Struktur kollektiver Art und auf die damit verbundenen dynamischen Prozesse zurückgeführt werden kann.

In den therapeutischen Prozeß brachte ich dieses Märchen ein, nachdem der Träumer wochenlang immer wieder fasziniert von der roten Blume gesprochen hatte, sie gemalt hatte, Bilder beibrachte, in denen sie eine Rolle spielte. Die anhaltende Faszination zeigte, daß das Symbol in seinem Bedeutungsgehalt noch keineswegs, weder kognitiv noch emotionell, erschöpfend behandelt war. Deshalb stellte ich das Traumbild in einen größeren Zusammenhang.

Wir sprachen vor allem über den Teil des Märchens, der mit seinem Traumbild korrespondiert, und verstanden ihn etwa so: Joringel umkreiste sein Problem, ging um das Schloß herum, schaute es dabei von allen Seiten an, war bemüht, seine Kräfte zu sammeln, und dann träumte er den Traum, der die Lösung des Problems nahelegt. Das könnte die Beschreibung einer Sequenz eines therapeutischen Prozesses sein. Das Traumbild richtet den Blick auf das Zentrum der Blume, auf die Mitte, die Bewegung des Zentrierens. Konzentration ist also wichtig. Im Blutrot der roten Blume steckt das Blut, steckt die Leidenschaft und das Leiden, die ganze Körperlichkeit und damit natürlich auch die Liebe, die Sexualität, der Tod und die Vergänglichkeit.

Die Blume steht oft für unsere Gefühle, für Eros, die rote Blume für das leidenschaftliche Gefühl der Liebe, das körperliche Gefühl. Blumen verwelken aber auch. Diese vergängliche rote Blume trägt eine weiße Perle. Die Perle gilt bei uns als große Kostbarkeit, als etwas Vollendetes. Bei den Mystikern ist sie das Symbol für die Erleuchtung, das Symbol für den Prozeß, der den Menschen eine Einheit zwischen dem Göttlichen und dem Menschlichen finden läßt. Die Perle wächst konzentrisch, sie ist somit ein Symbol für eine nach und nach gewordene, fast unzerstörbare Erleuchtung. In der Verbindung der blutroten Blume mit der weißen Perle sehe ich die geglückte Verbindung von körperlicher und mystischer Liebe, von Sexualität und Eros, von Vergänglichkeit und Ewigkeit, von Körper und Seele. Daß aber die Perle eingebettet ist in der blutroten Blume, weist darauf hin, daß die Leidenschaft die Spiritualität begründet. Für den Träumer war es ausgesprochen bedeutsam, daß ein Symbol eines Traumes, das ihn so sehr beschäftigte, auch das zentrale Symbol eines Märchens war. Er hatte den Eindruck, daß sein Problem zwar sein ureigenes sei, aber darüber hinaus ein Problem, das auch andere Menschen betreffe. Für ihn war die Verbindung der roten Blume mit der Perle oder mit dem Tautropfen sehr wichtig. Er ließ sich also sein Traumbild gern durch das Märchenbild anreichern, das für ihn emotionell bedeutsam war.

Das Märchen stellt das Traumsymbol in einen Prozeß hinein; wir finden also Hinweise darauf, in welchen Zusammenhängen das Problem stehen kann, welche Entwicklungsprozesse angezeigt sein können, um eine Lösung des anstehenden Problems zu finden. Bei dem hier beigezogenen Märchen löst Joringel beispielhaft das Problem, indem er einerseits Schafe hütet, eine Aufgabe der Konzentration wahrnimmt, das Schloß der Erzzauberin umkreist, sich dem Problem also immer wieder annähert, und dann endlich den erlösenden Traum träumt, den er sofort in die Realität umsetzt, er bedenkt das Problem im Alltag und bleibt offen für wichtige Hinweise aus dem Unbewußten.

Durch die Beschäftigung mit den Märchenbildern konnte sich der Träumer einerseits etwas aus seiner Fixierung auf die rote Blume lösen, neue Bilder tauchten zu dem bekannten Symbol auf, der Analysand war emotionell mehr in Kontakt als zuvor mit diesem für ihn so wesentlichen Symbol. Auch weckte das Märchen in ihm die Hoffnung, daß diese wunderbare Wendung, wie sie im Traum angekündigt war und die einem schöpferischen Sprung entspricht, möglich ist – allerdings nach sehr geduldiger Vorarbeit. Der Umstand, daß sich im Märchen ein Mann mit der Blume beschäftigt, im Traum aber ein Kind, fand der Träumer stimmig. Für ihn ging es darum, daß er, als Mensch in seinem wirklichen Alter, mit dem Vertrauen, der Faszination und der sorgenden Konzentration eines Kindes mit dieser Blume umging.

Symbole als abgebildete Emotionen

Wenn weder Träume noch frei aufsteigende Phantasien da sind, so ist man – nach Jung – auf Kunsthilfe angewiesen. Diese besteht darin, daß man den jeweiligen affektiven Zustand als Ausgangspunkt benutzt; denn, gemäß der Selbstregulierung der Psyche, liegt in dieser affektiven Störung die Energie, die dem Leidenden helfen könnte, sein Leben wieder effektiver zu gestalten. Man versenkt sich nun in die Stimmungslage und schreibt alle Phantasien und alle Assoziationen nieder, die auftauchen, oder man gestaltet sie in anderer Form. Dieses Vorgehen, das weitgehend alle Techniken bestimmt, die im Rahmen der Jungschen Therapie angewendet werden, geht auf eine Erfahrung Jungs zurück, die im Buch *Erinnerungen, Träume, Gedanken* von C. G. Jung beschrieben ist, und zwar im Zusammenhang mit seiner Auseinandersetzung mit dem Unbewußten. Er beschreibt, wie er eine Situation bewältigte, in der er sich offenbar emotional sehr aufgewühlt fühlte: „In dem Maß, wie es mir gelang, die Emotionen in Bilder zu übersetzen, das heißt diejenigen Bilder zu finden, die sich in ihnen verbargen, trat innere Beruhigung ein. Wenn ich es bei der Emotion belassen hätte, wäre ich womöglich von den Inhalten des Unbewußten zerrissen worden. Vielleicht hätte ich sie abspalten können, wäre dann aber unweigerlich in eine Neurose geraten, und schließlich hätten mich die Inhalte doch zerstört. Mein Experiment verschaffte mir die Erkenntnis, wie hilfreich es vom therapeutischen Gesichtspunkt aus ist, die hinter den Emotionen liegenden Bilder bewußt zu machen." Emotionen können in Bildern abgebildet werden, Emotionen verändern aber auch unsere Bilder, und umgekehrt. Nicht nur kann das Unbewußte unsere bewußte Stimmung verändern, wir können über bewußtes Wahrnehmen und die Konzentration auf Bilder auch unser Unbewußtes verändern. Dies geschieht ganz besonders in der Aktiven Imagination.

Die Aktive Imagination

Jung erwähnt die Aktive Imagination erstmals 1916.

In einem Brief von 1947 beschreibt Jung genau, was er unter Aktiver Imagination versteht. „Bei der Aktiven Imagination kommt es darauf an, daß Sie mit irgendeinem Bild beginnen ... Betrachten Sie das Bild und beobachten Sie genau, wie es sich zu entfalten oder zu verändern beginnt. Vermeiden Sie jeden Versuch, es in eine bestimmte Form zu bringen, tun Sie einfach nichts anderes als beobachten, welche Wandlungen spontan eintreten. Jedes seelische Bild, das Sie auf diese Weise beobachten, wird sich früher oder später umgestalten, und zwar aufgrund einer spontanen Assoziation, die zu einer leichten Veränderung des Bildes führt. Ungeduldiges Springen von einem Thema zum anderen ist sorgfältig zu vermeiden. Halten Sie an dem von Ihnen gewählten Bild fest und warten Sie, bis es sich von selbst wandelt. Alle diese Wandlungen müssen Sie sorgsam beobachten und müssen schließlich selbst in das Bild hineingehen: Kommt eine Figur vor, die spricht, dann sagen auch Sie, was Sie zu sagen haben, und hören auf das, was er oder sie zu sagen hat. Auf diese Weise können Sie nicht nur Ihr Unbewußtes analysieren, sondern Sie geben dem Unbewußten die Chance, Sie zu analysieren. Und so erschaffen Sie nach und nach die Einheit von Bewußtsein und Unbewußtem, ohne die es überhaupt keine Individuation gibt." Es ist offensichtlich, daß beim Beschreiben dieser Methode das Modell der Symbolbildung im Hintergrund steht. So gilt denn auch Aktive Imagination als „schöpferische Befreiungstat".

Das Symbolverständnis bei Jung ist also ganz und gar von der Vorstellung getragen, daß der Psyche ein Drang innewohnt, sich zu entwickeln. Krank werden wir dann, wenn wir diesen Drang nicht mehr aufnehmen können. Weiter ist es im Zusammenhang mit diesem Entwicklungsgedanken davon bestimmt, daß alles Leben verborgen zielgerichtet ist. Aber nicht nur Symbole an sich verweisen auf diesen Sinn, wir können auch in einer symbolisierenden Einstellung leben. Wenn wir an einem Fluß stehen, dann können wir beeindruckt sein von seiner Breite, von den Wassermassen, die in Schnelligkeit vorbeiziehen, wir können uns Gedanken machen über den Sauberkeitsgrad des Wassers und noch vieles mehr. Wir können aber auch angesichts des Fließens an das Leben denken, das verfließt, an die Zeit, die verfließt, überhaupt daran, daß jeder Moment des Lebens ein anderer ist, daß wir wirklich nie „zweimal in denselben Fluß steigen" können (Heraklit). Das Fließen des Flusses kann in Verbindung gebracht werden mit dem Fließen der Zeit, aber auch mit dem Fließen der Energie

34

in unserer Seele. Fühlen wir uns ebensosehr im Fluß, wie es der Fluß ist? Oder spüren wir gar bedrückend einen Stillstand angesichts des Fließens? Solche Überlegungen drücken aus, daß wir in einer symbolisierenden Haltung sind. Der Fluß wird zum Symbol für existentielle Fragen, letztlich zum Symbol für ganz große Lebenszusammenhänge. In der Jungschen Psychologie nehmen wir nicht nur sorgfältig alle Symbole wahr und gehen mit ihnen therapeutisch um, wir sehen zugleich die Alltagswirklichkeit immer auch in ihrem symbolischen Verweisungszusammenhang. Wir sind damit einem Bild des Menschen verpflichtet, das ihn in einem umfassenden Sinnzusammenhang sieht. Er steht in schöpferischer Wandlung, er erlebt fehlende Wandlung als bedrückend. Diese Konzeption des Menschen ist zudem einem Selbstverständnis verpflichtet, für das alles Geschehen noch eine Dimension über das Offensichtliche hinaus hat und deshalb geheimnisvoll bleibt.

Wie sich in Symbolen Lebensprobleme verdichten – und sie gelöst werden können

Symbol, Mythos, Märchen

Symbole, wie wir sie aus Träumen kennen, aus Faszinationen im Alltag, aus Phantasien, aus Kunstwerken, haben oft Ähnlichkeiten mit Symbolen, die uns aus Mythen bekannt sind, oder sie sind Motiven vergleichbar, die uns eingebunden in menschennähere Entwicklungsprozesse im Märchen begegnen.

Mythen sind Geschichten, die aus Elementen der alltäglich erfahrbaren Wirklichkeit aufgebaut sind und scheinbar auch von dieser handeln, darüber hinaus aber diese Zusammenhänge auch dazu benutzen, um das Selbstverständnis des Menschen, seine Erfahrung des Göttlichen und seine Stellung zum Göttlichen und zum Realen auszudrücken. Sollte ein Mythos Bestand haben, mußte sich in ihm sowohl ein Kollektiv erkennen, als auch das einzelne Individuum. Dadurch, daß der Mythos durch die Geschichtswissenschaft entmythologisiert wurde, offenbart der Mythos nun da, wo er immer noch lebendig ist, erst recht seine symbolische Funktion, seinen Hinweis auf typische menschliche emotionell bedeutsame Bindungen an einen Ur-Grund, wie immer wir diesen nennen wollen, seinen Verweis auf existentielle Grunderfahrungen des Menschen. Und noch immer sind diesen Symbolen Erinnerung und Erwartung eigen.

Was Mythen letztlich sind, ist heute sehr umstritten, einig sind sich Anthropologen und Tiefenpsychologen aber darin, daß mythisches Denken zu den „ursprünglichen Tätigkeiten des menschlichen Geistes gehört", daß durch die mündliche Überlieferung der Mythen die Abweichungen verschwanden,

„bis nur noch der Ausdruck der intellektuellen Operationen eines unbewußten, anonymen und dadurch jenseits aller kulturellen Unterschiede kollektiven Dispositivs übrig bleibt. Die Mythen sind die Erzählungen eines strukturalistischen Unbewußten, das in jedem Menschen ruht"[1].

Diese Aussage eines modernen Anthropologen deckt sich etwa mit der Feststellung Jungs, der die Phantasie als imaginäre Tätigkeit für den unmittelbaren Ausdruck der psychischen Energie hält, die dem Bewußtsein nicht anders als in Form von Bildern gegeben ist[2]. „Die Phantasiebilder haben unzweifelhaft ihre nächsten Analoga in den mythologischen Typen; es ist darum anzunehmen, daß sie gewissen kollektiven Strukturelementen der menschlichen Seele überhaupt entsprechen"[3].

Mythen, Riten und Märchen werden von den modernen Anthropologen wenig unterschieden: was die einen in einem Mythos ausdrücken, drücken andere in einem Ritus oder in einem Märchen aus[4]. Immerhin betont Smith, daß Märchen weniger stark als Mythen der religiösen Orthodoxie, der logischen Kohärenz und dem kollektiven Druck ausgeliefert gewesen seien. Uns Tiefenpsychologen sind Märchen näher, besonders die europäischen; sie sind oft auch prozeßhafter und dadurch besonders geeignet, mit symbolischen Prozessen in unseren Entwicklungen und Therapien in Zusammenhang gebracht zu werden. Und so wie im Mythos ursprünglich der Einzelne sich verstanden fühlte in einer Geschichte, die alle betraf, so fühlen auch wir uns verstanden, in einem größeren Zusammenhang stehend, wenn wir von einem Symbol betroffen sind, wenn ein Symbol uns betroffen macht und wir es in den Zusammenhang mit Symbolen bringen können, die schon immer eine Geltung hatten. Wir fühlen uns dann nicht so sehr als kranke, als vielmehr als Menschen mit existentiellen Aufgaben, die zu Problemen werden können.

Symbol und symbolisierende Haltung

Schon bei der Definition des Mythos ist angeklungen: das Symbol meint einerseits ganz Aktuelles und verweist auf Hintergründiges, auf Zusammenhänge, die jeweils nicht besser als eben in diesem Symbol auszudrücken sind.

Beispiel: Traum
Eine Träumerin steht sinnend an einem unbewegten Meer. Es ist direkt unheimlich unbewegt. Da beginnt das Meer an einer Stelle sich aus sich heraus zu bewegen in einer Wirbelbewegung. Die Träumerin wird von einer freudigen Erregung ergriffen. Sie erwacht. „Mir war, als wollte das Meer etwas aus sich gebären." Die Träumerin, eine 52jährige Frau, war in einer schwierigen Entscheidungssituation im Rahmen von Beziehungen, und sie fühlte sich völlig gelähmt. In dieses Abwägen des einen Entschlusses gegen den andern kam dieser Traum.

Die unmittelbare Folge des Erlebnisses dieses Symbols im Traum war neue Hoffnung: „Es bewegte sich wieder etwas", Freude, auch Angst: was wird das Meer gebären? Faszination, das Gefühl, die Stagnation überwunden zu haben und die interessierte Frage: wo geht das hin? Ihr Problem war mit diesem Traum nicht gelöst, aber sie quälte sich nicht mehr zwischen den Entscheidungen, sondern wandte sich diesem neuen Prozeß in ihrer Psyche zu. Zwei Monate später traf sie dann eine für alle überraschende Entscheidung. – Die Verbindung zu Schöpfungsmythen schuf die Frau selbst, indem sie die Geburt aus dem Meer erwartete.

An diesem Symbol wird deutlich, daß ein Symbol wirklich „die bestmögliche Formulierung einer relativ unbekannten Sache" ist, wie Jung ausdrückt[5], der bestmögliche Ausdruck für eine emotionell bedeutsame Situation, in der auch die Dynamik der Weiterentwicklung spürbar ist. Im Symbol offenbart und eröffnet sich etwas – es öffnen sich neue Perspektiven des Erlebens, aber auch des Selbstverständnisses. Aber eine erste Schwierigkeit besteht darin, das Symbol emotionell adäquat mitzuteilen. Es teilt sich nur dem mit, der empathisch sich auf das Bild auch einlassen kann – so teilt sich auch das Offenbarende und Eröffnende mit.

Für die Träumerin war dieses Traumbild Ausdruck dafür, daß Leben sich schöpferisch verändern kann, daß sie sich als Mensch nicht nur mit dem alltäglichen Leben herumquält, sondern daß sie auch in Prozessen steht, die weit darüber hinausgehen, geheimnisvoll sind. Und obwohl die Träumerin das Gefühl hatte, dieses Symbol, das sie emotionell so sehr erfaßte, ganz zu verstehen, blieb auch deutlich, daß es nie ganz zu verstehen sein kann, immer auch noch Bedeutung zurückbehält, also einen „Bedeutungsüberschuß" für die jeweilige Situation in sich hat. Gerade dieser Bedeutungsüberschuß bewirkt, daß das Symbol Hoffnungen in uns erweckt, Erwartungen am Leben hält. Dieser Bedeutungsüberschuß bewirkt aber auch, daß Bloch vom Symbol als von einer „Verdichtungskategorie" spricht, die ihrerseits „Befreiung archetypisch eingekapselter Hoffnung" verspricht, wenn immer so ein Symbol in „poetisch abbildlicher Phantasie", aber auch in Musik usw. aufgenommen und ausgedrückt wird[6]. Natürlich gilt das nur für den, der durch das betreffende Symbol ansprechbar ist, für den es eben etwas bedeutet.

Das Beispiel, das ich gewählt habe, um Ihnen das Symbol erlebbarer zu machen, zeigte das Erlebnis eines Symbols in einem Traum. Es gibt aber nicht nur Symbole, die wir innerhalb eines wichtigen psychischen Prozesses erleben, wo das Symbol wirklich zunächst eine schöpferische Lösung bringt, die übrigens von Watzlawick auch mit den Lösungen 2. Ordnung direkt verglichen wird[7], sondern es gibt auch die Möglichkeit, die Dinge und Vorkommnisse unserer Welt symbolisch zu sehen.

Die symbolisierende Haltung

Nehmen wir noch einmal das Beispiel des Meeres: Sie können dann versuchen, wenn Sie am Meer stehen, das Meer einfach als Meer zu sehen, die besondere Zusammensetzung des Wassers, seinen Bewegtheitsgrad etc. festzustellen. Wenn Sie sich aber dabei ein wenig dem Spiel Ihrer Phantasie überlassen, werden plötzlich andere Momente mitschwingen. Vielleicht empfinden Sie die Kraft, die im Wasser steckt und vergleichen sie mit Lebenskraft, die vitalisierend, aber auch zerstörend sein kann. Sie phantasieren den Abgrund – mit Neugier oder Erschrecken oder beidem zusammen, die Bedrohung – oder aber Sie sehen die Entstehung des Lebens aus dem Wasser – das Meer als ein riesiges Fruchtwasser. Vielleicht konzentrieren Sie sich nur auf das Kommen und Gehen der Wellen – spüren, wie sich Ihr Atem auf dieses Kommen und Gehen einspielt und ruhig wird.

In dieser Haltung sind Sie in einer symbolisierenden Haltung: das Meer wird zum Symbol für existentielle Fragen, letztlich zum Symbol für ganz große Lebenszusammenhänge.

In der Jungschen Psychologie nehmen wir nicht nur sorgfältig alle Symbole wahr und gehen mit ihnen therapeutisch um, wir sehen auch die Alltagswirklichkeit immer *auch* in ihrem symbolischen Verweisungszusammenhang. Wir sind damit einem Menschenbild verpflichtet, das den Menschen in einem *umfassenden Sinnzusammenhang* sieht, in schöpferischer Wandlung stehend, fehlende Wandlung als bedrückend erlebt, zudem einem Selbstverständnis verpflichtet, für das alles Geschehen noch eine Dimension über das Offensichtliche hinaus hat und deshalb geheimnisvoll bleibt.

Der therapeutische Umgang mit Symbolen

Beim therapeutischen Umgang mit dem Symbol geht es zunächst einmal darum, sich vom Symbol emotionell betreffen zu lassen, die emotionelle Wirkung der Symbole auf uns zu erleben, ihre emotionelle Bedeutsamkeit und damit auch die Veränderung unserer Lebenssituation zu erfahren. Sehr oft wird diese Haltung zunächst vom Analytiker an den Analysanden herangetragen.

Zum andern ist wichtig, die verschiedenen Dimensionen

des Symbols zu fassen und den Entwicklungsanreiz darin aufzunehmen. Dies geschieht, indem wir die Symbole in einen Bedeutungshorizont hineinstellen, der sowohl das persönliche Erleben und die persönliche Problematik als auch die Ebene der überpersönlichen Symbole erfaßt. Ein Symbol erfaßt immer Erinnerung und Erwartung, ist daher in sich diagnostisch und öffnet neue Perspektiven. Beide Aspekte müssen bedacht werden, wenn es uns wirklich darum geht, das persönliche Problem ins Licht des schon immer dagewesenen existentiellen Problems zu halten. Die Ausfaltung des Symbols geschieht in der Phantasie ganz allgemein und im Gestalten des Symbols. Erinnerung und Erwartung werden so immer transparenter.

Ein Symbol und die Arbeit daran im therapeutischen Prozeß

An einem praktischen Beispiel möchte ich einige Aspekte der Arbeit mit Symbolen aufzeigen.

Ein 25jähriger Mann mit Zwangssymptomen wird von einem etwa 40jährigen Therapeuten behandelt. Der Analysand leidet u. a. an Reinigungszwängen und an Zählzwängen, er muß immer auf fünf zählen, bevor er antwortet. Seine Arbeitsstelle als EDV-Spezialist ist gefährdet, weil er sehr langsam arbeitet. Er kann aber noch seiner Arbeit geregelt nachgehen. Er meint, diese Zwänge schon immer gehabt zu haben, aufgefallen seien sie ihm erst, als im Arbeitsprozeß Schwierigkeiten aufgetaucht seien.

In einer ersten Phase der Therapie sprach der Analysand von seinen Symptomen, seinen Schwierigkeiten, seinen Kindheitserlebnissen, lang und umständlich.

Nach etwa 30 Stunden spricht der Therapeut – für ihn selbst zunächst ganz unmotiviert – vom Mythos des göttlichen Kindes und steigert sich in eine Begeisterung für das göttliche Kind hinein.

Ein Mythos vom göttlichen Kind: Krishna

Die Erde war von Dämonen erfüllt, die die Götter entthronten und das Gleichgewicht der Kräfte aufhoben. Die Mutter Erde mochte das nicht länger ertragen, da erklärte sich Vishnu, der Welterhalter, bereit, neu als Kind auf der Erde geboren zu werden. Bevor ihm das aber gelang, hatten die Dämonen bereits einen neuen König geboren, Kansa.

Vishnu wählte sich ein Elternpaar aus – und Kansa erfuhr bereits von einem Weisen, daß das achte Kind dieser Mutter – und das sollte Krishna sein – ihn töten werde. Kansa ließ das Elternpaar vor der Geburt gefangennehmen.

Als nun die Zeit der Geburt kam, wurde das ganze Land sehr friedlich, Frühlingsstimmung durchzog alle Menschen. Die Wachen am Gefängnis schliefen ein. Vishnu wurde als Krishna geboren, ein ganz außergewöhnliches Kind, mit allen Attributen der Gottheit. Nachdem die Eltern ihn so gesehen hatten, verwandelte er sich in ein ganz normales Kind – und da die Wachen schliefen, gelang es dem Vater, Krishna zu einem befreundeten Paar zu bringen. Kansa tobte vor Wut und ließ alle neugeborenen Knaben, deren er habhaft werden konnte, töten. Es gelang ihm jedoch nicht, Kirshna zu finden. Einmal schickte er eine Dämonin mit vergifteter Milch aus. Krishna starb daran nicht, sondern saugte ihr mit der Milch auch das Leben aus.

Es wird deutlich, daß dieses göttliche Kind, das aber auch ein ganz normales Kind ist, zwar ständig mit einem Widersacher kämpfen muß, aber nicht unterliegt.

Diese göttlichen Kinder sind aber auch Schelme: so nahm Krishna an kindlichen Streichen teil, band etwa den Kühen die Schwänze zusammen usw. Einmal wurde er verpetzt, er habe Lehm gegessen. Er sagte, seine Spielkameraden schwindelten. Als seine Mutter ihn zur Rede stellte und forderte, daß er seinen Mund öffnete, sah sie in seinem Mund die ganze Schöpfung: Sonne, Mond, Kontinente, Gebirge, Meere.

Als fünfjähriger Knabe trieb Krishna mit andern Jungen die Herden auf die Weide. Sie verkleideten sich als Stiere und Kühe und imitierten die ganze Tierwelt. Wieder einmal mischte sich ein Dämon als Stier ins Spiel und wollte Krishna verderben, aber Krishna packte ihn an den Hinterbeinen und schleuderte ihn gegen einen Baum.

Einmal entfernte sich Krishna von der Herde. Brahma, der Schöpfergott, wollte ihm einen Streich spielen und führte die Herde und die übrigen Hirten in eine Höhle, in der sie in Schlaf fielen. Krishna schuf eine zweite Herde und Doppelgänger für die Hirtenjungen, um den Müttern Sorge zu ersparen[8].

Wir haben hier einen typischen Mythos vom göttlichen Kind vor uns, – wie wir ihn aus verschiedenen Religionen kennen. Typisch daran ist die bedrohte Geburt, überhaupt die ständige Bedrohung durch einen Widersacher, die aber nur dazu führt, daß das Kind erstarkt und sich in seiner Unbesiegbarkeit als ein Wesen erweist, das die Welt verändern wird. Ebenso typisch ist aber auch, daß diese göttlichen Kinder Tricks gebrauchen können, schöpferisch sind. Das mythologische Motiv des göttlichen Kindes findet sich in der Religion, der Kunst, der Literatur, in Träumen etc. Die Phänomenologie ist eine ähnliche, die Emotion, die einen ergreift, ist ebenfalls eine ähnliche: lassen wir uns auf dieses Motiv ein, weckt es auch in uns Hoffnung.

Wenn das Symbol des göttlichen Kindes erfahrbar wird, ist damit ein Element der möglichen Neugestaltung verbunden, der schöpferischen Veränderung, aber auch der Auseinandersetzung von Neuem und Altem, – insgesamt aber die Erfahrung einer Wandlung, die letztlich nicht ganz erklärbar ist. Das Symbol des göttlichen Kindes meint auch das Kind in uns, darüber hinaus aber den immer wieder möglichen Neu-Anfang allen Lebens.

Der Analytiker also redete sich in eine Begeisterung über das göttliche Kind hinein: die „archetypisch eingekapselte Hoffnung" wurde von ihm sehr gespürt, diese Hoffnung, daß auch, wenn alles bedroht ist, neue Lebensmöglichkeiten lebbar werden. Der Analysand hörte aufmerksam zu, ermahnte dann aber den Analytiker sehr höflich aber bestimmt, mit

43

Schärfe in der Stimme, er habe sich mit seinen Zwängen zu beschäftigen. Ob ihm etwas Neues dazu eingefallen sei, wie er seine Zwänge unter Kontrolle halten könnte. Der Analytiker fühlte sich „ertappt wie ein Schulkind", zurückgeholt auf den harten Boden der Realität, in seiner Freiheit eingeschränkt. Er brachte das Problem in die Supervision.

Betrachtet man die Psychodynamik in der Zwangsneurose und ihre Genese, dann wird die eingetretene Übertragungs-Gegenübertragungskollusion transparent. Die Zwangsvorstellungen, der Betroffene könnte die Kontrolle über seine aggressiven, sexuellen, schmutzigen Strebungen verlieren, sind angstauslösend. In den Zwangshandlungen, in den ritualisierten Verhaltensmustern wird die Gefahr magisch gebannt, deshalb wirken sie vorübergehend angsthemmend. Der Konflikt bleibt in der Zwangshandlung ständig präsent: die Wünsche sind da und die Kontrolle dieser Wünsche. Der Konflikt wird im Zwang sichtbar: im Waschzwang beschäftigt sich der Kranke ständig mit dem Schmutz, den zu akzeptieren oder gar zu genießen ihm verboten ist. Der Kranke identifiziert sich mit dem Angreifer, der bestraft, wenn lebendige Impulse ins Leben hinein gelebt werden wollen. Anders ausgedrückt: der Zwangskranke identifiziert sich mit einer allmächtigen, verbietenden Instanz, die in der Nähe eines strafenden Gottes anzusiedeln ist, der das Kind, das sich entwickeln möchte, Zukunft haben möchte, magisch bannt.

Die Theorie der Genese der Zwangskrankheit ist denn auch die, daß die Beziehungspersonen in der Separations-Individuationsphase beim Kleinkind alle autonomen Strebungen hart bestrafen, verbieten. Die Beziehungspersonen steuern zuviel und wollen damit die Zukunft unter Kontrolle bringen, wie ja auch der Zwangskranke überbesorgt ist um die Folgen seiner Taten und auch er den natürlichen Fluß des Lebens, alles Lebendige, kontrollieren möchte und damit natürlich auch alle schöpferische Wandlung.

Was genetisch bei der Separations-Individuationsphase oder anders ausgedrückt, in der analen Phase oder bei Wirksamwerden des bewußten Ichkomplexes äußerer Konflikt war, wird zum inneren Konflikt. Dieser hat aber die Neigung, in therapeutischen Prozessen sich auf Analytiker und Analysanden aufzuspalten.

Deshalb sprach ich auch von einer Übertragungs-/Gegenübertragungskollusion: der eine Part wird dem Analytiker delegiert, damit der Analysand ungestört den anderen Part leben kann; – hier begann der Analytiker vom Motiv des göttlichen Kindes zu schwärmen, und damit drückte er auch die Hoffnung aus, daß jetzt endlich etwas in Bewegung kommen könnte; der Analysand war in der Rolle der kontrollierenden Instanz und erreichte, daß sich der Analytiker bald wie ein Schulkind fühlte. Dabei fiel dem Analytiker auf, daß er nur vom göttlichen Kind gesprochen hatte, nicht aber von den Verfolgern, die im Mythos immer damit verbunden sind. „Unbewußt" hatte der Analytiker den Mythos gefunden, der der Zwangsdynamik zugrunde liegt, – und der auch ausdrückt, daß auch diese Thematik eine allgemein-menschliche ist, die wir ja alle zu bestehen haben und immer wieder zu bestehen haben werden. Das Schöpferische gegen das Hergebrachte, Verbietende, der Autonomiewunsch gegen den Wunsch, geliebtes Kind zu bleiben, das sind Probleme, die uns allen bekannt sind. Beim „Gesunden" ist die Hemmung des Kindes bloß meistens nicht so gründlich, oder vor allem deckt sie nicht so viele Lebensbereiche ab wie beim Zwangskranken.

Zur Kollusion gehört – nach Willi[9] –, daß beide Partner einen gleichen unbewußten Grundkonflikt haben, den die beiden einander scheinbar lösen, indem jeder einen Pol des Konflikts lebt. In der Therapie, scheint mir, muß dieser Grundkonflikt so unbewußt nicht sein; es entstehen trotzdem Kollusionen, die in sich Ausdruck des Konflikts des Analysanden sind, und, wenn auf der archetypischen Ebene konstelliert wie hier, auch sehr deutlich Ausdruck der symbolischen Dynamik, die dem Problem zugrunde liegt. Diese Kollusionen haben m. E. einen tiefen Sinn: sie entlasten den Analysanden, ohne daß der Konflikt verdrängt wird. Zu einer Kollusion gehört allerdings auch, daß die Übernahme der delegierten Rolle „zwingend" ist. Im geschilderten therapeutischen Prozeß war sie „zwingend". Nachdem wir die Begeisterung durch das Motiv des göttlichen Kindes geklärt, die Rolle des mahnenden Analysanden als Identifikation mit einer wachenden Vaterfigur verstanden hatten und uns einig waren, daß auf der symbolisch-mythologischen Ebene nun die Dynamik der Problematik aufgenommen war, wollte der Therapeut natürlich aus dem kollusiven Part aussteigen. Des Analysanden Kind sollte sich ja entwickeln dürfen. Aber es gelang nicht.

Der Analysand träumt: Ein Kind ist geboren worden. Ein ganz besonderes Kind – jung und auch alt. Es hat die Augen des Analytikers. Der Analysand fühlte sich sehr gut nach diesem Traum, begann, über das Kind zu phantasieren, wie verständig es sei, wie sauber. Es könnte vielleicht auch einige Tricks gebrauchen, wie das göttliche Kind. Er fühlte sich bereichert, lebendiger.

Der Analytiker deutete, daß im Analysanden nun das Kind zum Zuge kommen könne, göttliche Kinder wären ja nicht aufzuhalten, und es sei wirklich schon immer so gewesen, daß Kinder, die autonom würden, den Eltern Kummer machten, Probleme im Leben sich machten, die sich eigentlich alle auch wieder lösen ließen. An diesen Traum schloß sich für den Analytiker eine eigenartige Therapiephase an: der Therapeut wurde sehr kreativ, machte Vorschläge, Deutungen, versprühte Hoffnung, erfand Tricks gegen die Zwänge, im Unterschied zu seiner sonst eher zurückhaltenden Art zu therapieren. Er meinte, das göttliche Kind sei jetzt auch beim Analysanden konstelliert. Daß das Kind im Traum die Augen des Analytikers hatte, wurde zu wenig bedacht. Der Analysand indessen wurde mühsam. Alles, was ihm vorgeschlagen wurde, ging nicht. Er entwickelte neue Zählzwänge in der Therapie. Außen ging es dem Analysanden sichtlich besser: er sah seine Freundin viel öfter, verbrachte ganze Wochenenden mit ihr, was vorher ausgeschlossen war.

In der Therapie aber schaukelte sich die Kollusion offensichtlich auf: der Analytiker war identifiziert mit dem Archetypus des göttlichen Kindes – aber nur bei diesem Analysanden. Der Analysand war identifiziert mit einer kontrollierenden Instanz, und der Analytiker konnte sich nicht entziehen. In so einer Situation, meine ich, ist eine solche Kollusion, die ja auch eine Ganzheit herstellt, wenn auch auf zwei Menschen verteilt, sinnvoll. Es ist die im Augenblick bestmögliche Ganzheit.

Es kamen die Ferien. Der Analysand fuhr mit seiner Freundin an einen See und betrieb mit Vergnügen Wassersport. Nach den Ferien erzählte er lockerer als vorher, ohne Zählzwänge, erzählte aber auch, an seiner Arbeitsstelle werde ihm noch immer mit Kündigung gedroht. Aber dann suche er eben eine neue Arbeit. Er wußte nicht, welche Arbeit. Der Analytiker spürte das Bedürfnis, den Analysanden zu warnen – wegen dem Beruf, er möchte ihn überhaupt zurechtstutzen, gute Ratschläge geben und hatte das Gefühl, der Analysand entgleite ihm.

In der Supervisionsgruppe wurde er damit konfrontiert, daß er den Analysanden nicht autonom werden lasse. Er wehrte sich: das sei doch alles viel zu gefährlich – und die Freundin könnte ein Kind bekommen usw. Es fielen von den Gruppenteilnehmern Ausdrücke wie „Übervater", Gott-Vater, Rabenvater. Und natürlich wurde er darauf hingewiesen, daß er die Rolle der Kontrollinstanz in der frühen Kindheit dieses Analysanden übernehme. Die Kollusion hatte sich verlagert; in der Spiegelung durch die Gruppe wurde deutlich, wie das persönliche Schicksal auch mit einem kollektiven Schicksal verbunden wird, wie die Dynamik der Krankheit, die sich in der Dynamik zwischen Analytiker und Analysand zeigt, auch in ihrem allgemeinmenschlichen Hintergrund sichtbar wird.

Der Analysand indessen sagte seinem Analytiker, er habe sich während der Ferien so positiv verändert. Jetzt habe er die Festigkeit, die er an ihm immer vermißt habe. Die Zwänge seien viel weniger. Der Zählzwang in der Therapie hörte auf.

Hier wiederum ein Traum des Analysanden: Der Analytiker und die Freundin des Analysanden sitzen auf einem Thron und regieren. Es ist alles schön, sicher und sauber. Das Schloß ist bewacht.

Der Analysand war sehr zufrieden mit diesem Traum. Alles

in bester Ordnung – der Analytiker nachdenklich. Der Analysand sagte, seine Freundin wisse – wie der Analytiker auch – welche Regeln im Leben gälten. Er habe deshalb weniger Angst. Der Analytiker sah die Kollusion, wollte versuchen, das Kind im Analysanden zu stützen, es aber auch wachsen zu lassen.

Einige Wochen später beklagte sich der Analysand über seine Freundin. Er sei wütend auf sie, sie dränge auf einen Berufsentscheid. Der Analytiker sagte, man könne sich ja auch von einer Freundin trennen. Er hätte sich die Zunge abbeißen mögen für diesen Satz, sagte, das sei eine ganz und gar ungerechtfertigte Einmischung und fragte den Analysanden, ob er jetzt wütend auf ihn sei. Dieser verneinte entschieden, er, der Analytiker, habe ja recht. Darauf folgte ein Rückfall, in der Therapie und im äußeren Leben. Mit dem Angebot der Wut hatte der Analytiker den Analysanden in die Angreifer-Position gebracht, während·er sich im Moment ja mit der Kind-Position identifizierte; der Analytiker hatte die Kollusion offensichtlich zu früh aufgelöst.

Der Analysand bat, der Analytiker solle ihm doch wieder vom göttlichen Kind erzählen. Damals sei es ihm so gut gegangen, da habe er Hoffnung gehabt und gedacht, alles könne gut werden. Er habe zwar damals ihn, den Analytiker, kritisiert, aber er habe gespürt, daß er ihm von etwas erzählt habe, das ihm ganz wichtig sei, und das auch für den Fortgang des Lebens wichtig sei. Er habe das Gefühl gehabt, daß diese Kinder und die Zukunft nicht aufzuhalten seien. Dieses Gefühl habe er jetzt nicht mehr.

Der Analysand sprach hier also bewußt noch einmal davon, welche Emotionen, welche Hoffnungen er mit diesem Symbol verband, – verbunden mit der Bitte, dieses Symbol wieder lebendig werden zu lassen. Der Analytiker wollte nicht wieder von vorn beginnen, er sagte: ich kann jetzt eigentlich nur ein etwa dreijähriges Kind phantasieren. Und er schlug vor, miteinander die Erkundungswege eines Dreijährigen zu begleiten. Er wollte von der archetypischen Ebene weg.

Sie phantasierten miteinander, sehr an der Realität entlang, was dieses Kind denn mache: sie begleiteten es auf Erkundungszügen, machten Feuer, schmierten mit Eis herum, holten dann Wasser zum Waschen und Plantschen, sie schauten, wie weit das Dreijährige pinkeln konnte usw.

In einer ersten Phase brachte der Analytiker jeweils eine erwachsene Person hinein, die aufpaßte, damit nichts überbordete, die im richtigen Moment aber nicht hinsah oder übersah – und vor allem das Kind beim Heimkommen mit der Frage begrüßte: „Was hast du schönes Neues erfahren?"

In einer zweiten Phase sollte der Analysand selber eine aufpassende Figur mit hineinnehmen. Aufpasser, „Angreifer" und autonom werdendes Kind waren so friedlich beieinander. Der Analysand konnte in diesem Phantasien viel zulassen, sagte aber, das sei etwas anderes als das „göttliche" Kind. Wir überlegten uns in der Supervision, ob allenfalls in einem Märchen die Auseinandersetzung eines Kindes, das sich durchsetzt gegen eine dominierende, zerstörerische Vater-Figur zu finden sei und sein Bedürfnis, nicht nur Kindheit nachzuholen, sondern in seinem Problem auch ein existentielles Problem zu lösen, befriedigen könnte. Wir einigten uns auf ein Märchen, weil wir es für menschengeschichtennäher halten als einen Mythos, die Identifikation mit den einzelnen Figuren leichter fällt und die Verbindung von alltäglichem Leben und dem Leben des Märchenhelden weniger auseinanderfällt. Erfahrungen, die an Märchensymbolen gemacht werden, können auch etwas leichter ins alltägliche Leben umgesetzt werden. Andererseits bleibt der Sinn für die Größe des eigenen Schicksals aber erhalten.

Die Thematik zwischen dem Kind und dem bedrohenden Alten oder dem bedrohenden König ist im Märchen oft behandelt worden, – es ist die uralte Thematik vom Widerstreit des Alten gegen das Neue, vom „Sicheren" gegen das noch nicht Gesicherte, aber auch vom Widerstand der älteren Generation gegen die jüngere Generation, die von der jüngeren immer überlebt werden wird. Wir wählten das Grimmsche Märchen „Vom Teufel mit den drei goldenen Haaren"[10]. In diesem Märchen geht es darum, daß bei der Geburt einem Kind geweissagt wird, daß es ein Glückskind sei und ihm alles zum Guten ausschlagen werde, aber auch, daß es des Königs Tochter heiraten werde. Der König hört das, nimmt das Kind mit sich, unter dem Vorwand, es aufzuziehen, und setzt es in einer Schachtel auf dem Fluß aus. Es geht natürlich nicht unter, sondern landet in einer Mühle. Hier klingt das Motiv der doppelten Geburt des göttlichen Kindes an. Als das Kind 14 geworden ist, trifft es der König zufällig wieder, erkennt es und schickt es mit einem Brief an seinen Hof, in dem steht, daß man es bei Ankunft sofort töten solle. Räuber im Wald vertauschen den Brief: das Glückskind soll sofort nach seiner Ankunft mit der Tochter des Königs vermählt werden. Das geschieht. Der König – als er das vernimmt – schickt das Glückskind, drei goldene Haare vom Haupte des Teufels zu holen. Er schickt es zum Teufel. Der junge Mann kommt dann an verschiedenen Städten vorbei, in denen etwas Lebenswichtiges fehlt: ein Brunnen, der zuvor Wein gegeben hatte, gibt nicht einmal mehr Wasser, ein Apfelbaum, der goldene Äpfel trug, trägt nicht einmal mehr Blätter ...

Wir können hier das Märchen lassen, weil es für den Analysanden nur bis zu dieser Stelle relevant war. Dieses Märchen wurde für den Analysanden sehr wichtig. Er phantasierte jede Station des Märchens aus, sah sich selber immer als Kind und als König gemäß der subjektstufigen Auffassung.

Ein Beispiel: Er sieht sich als Kind in der Schachtel, fühlt sich verraten vom König, verstoßen, hilflos. Er fühlt aber, daß er sich nur dem Wasser überlassen kann und hoffen kann. Als König kann er sich gut verstehen. Dieser Balg will ihm die Herrschaft streitig machen, – ein Glück, daß er immer überall Augen und Ohren offen hat, daß er kontrolliert, alles sieht, alles übersieht. Jetzt ist er diesen Balg los.

Der Analysand brachte dieses Königs-Gefühl in Zusammenhang mit dem Gefühl, das er hatte, wenn seine Eltern ihn bestraft hatten, wegen Kleinigkeiten, aber auch damit, wie er sich selbst bestraft, wenn Kindliches in ihm zum Durchbruch kommt. Das Thema Vertrauen und Kontrolle wurde von seinen Phantasien dem Märchen entlang an ihn herangetragen.

So phantasierte er Situation um Situation, bis zum Apfelbaum hin – und immer phantasierte er auch den König zu Hause, was der wohl dachte, während das Glückskind unterwegs war. Immer auch verband er die Situationen mit seinem Leben.

Der König veränderte sich zunehmend und eindrücklich, was etwa in der Formulierung gipfelte, „ob es der Teufelskerl etwa schafft? Das gäbe dann doch einen guten Nachfolger."

Für den Analysanden war ganz wichtig zu wissen, daß im Märchen der Prozeß vorgegeben war, – er wußte, daß das Glückskind nicht untergehen konnte. Das gab ihm den Mut, seinen Phantasien zum Thema freien Lauf zu lassen, sie nicht zu sehr zu kontrollieren. Das Märchen in seiner festgelegten Form paßte sozusagen auf ihn auf. In der Bearbeitung durch die Phantasie kam deutlich zum Ausdruck, wie im Schutz dieser symbolhaften Geschichte seine Erinnerung an sein Leben zugelassen werden konnte, vor allem auch die Einsicht in seine eigene rigide Königsseite. Aber auch die Hoffnung, daß diese beiden Seiten besser miteinander umgehen könnten, wurde größer. Wichtig aber war für den Analysanden, daß er eine Problematik hatte, die in Mythen und Märchen eine Rolle spielt.

Der Therapeut war in dieser Phase Zuhörer. Die Arbeit am Märchen – und damit natürlich an symbolischen Prozessen – wurde hier recht eigentlich zu einem „Übergangsobjekt" – im Winnicottschen Sinn[11] – und ist es vielleicht überhaupt. Wie das Kleinkind etwa seinen Hasen an sich drückt, wenn es allein ist, und dieser Hase Symbol ist für die Mutter, für die Gefühle, die es mit der Mutter verbinden und für die Beziehung zu ihr, Symbol für das Wohlbehagen und auch dafür, sich selbst Wohlbehagen spenden zu können, so kann ein Symbol ein Übergangsobjekt sein und die Arbeit am Symbol Arbeit am Übergangsobjekt: die Arbeit daran kann anstelle der Beziehung zum Therapeuten einerseits gesehen werden, andererseits aber auch als etwas, das auf etwas verweist, was hinter dieser Beziehung steht, was hinter aller alltäglichen Realität steht, letztlich für einen tragenden, sinnstiftenden Urgrund, der im Symbol zugänglich ist.

Der Analysand fühlte sich in dieser Phase schon wesentlich besser – ohne Zählzwänge. Er hatte sich eine neue Arbeit gesucht: Aufspüren von Fehlern in Computerprogrammen. Er wohnte mit seiner Freundin zusammen. Die Therapie hatte bis zu diesem Zeitpunkt 92 Stunden gedauert.

Sich auf den Weg begeben –
Wandlung im therapeutischen Prozeß

Therapeuten und Therapeutinnen haben einen Beruf gewählt, in dem es um Veränderung geht, Stillstand als quälend empfunden wird. Noch lieber als die ständigen kleineren Veränderungen, die auch einmal durchaus in eine größere Wandlung münden können, sind uns die großen Wandlungen: Die Mythologie des Neuanfangs, des immer wieder neu beginnen Könnens; das Erlebnis, daß unser Leben nicht festgeschrieben ist, sondern daß immer auch wieder das Unverhoffte aufbrechen kann; Tod und Wiedergeburt, „Stirb und Werde", die Geburt des göttlichen Kindes – das sind Themen, die uns faszinieren: Dahinter steht die Überzeugung, daß der Mensch ein anderer Mensch werden kann, daß über alles Gewordensein hinaus eine Möglichkeit besteht, uns neue Wege zu eröffnen.

Wandlung: Nichts ist wirklich festgeschrieben, solange wir leben, alles kann sich verändern, durchaus auch zum Besseren hin. Wir sind uns immer auch ein Geheimnis, immer für Überraschungen gut. Wir wollen auf dem Weg sein, Neues erfahren und erleben, oder zumindest dasselbe in neuen Haltungen erleben und so doch auch wieder anders. Wandlung – so nehmen wir in unserer Phantasie wahr – heißt reicher werden, sich entfalten, mehr wir selbst werden, echter werden, unser volles menschliches Leben entfalten, ausfalten, auffalten, schöpferisch verändern. Das scheint unserem Leben Fülle und damit auch Sinn zu geben. Und wir wollen das nicht nur für uns selbst, wir wollen das auch unseren Mitmenschen zukommen lassen, deren Leben festgefahren ist, deren Emotionen verstockt sind: ein Höchstmaß an Lebendigkeit. Und diese Wandlungen sollen auch die Menschheit verwandeln, die Menschen menschlicher und bewußter werden lassen, das Zusammenleben der Gesellschaft verbessern usw.

Daß Wandlung „*Stirb und Werde*" bedeutet, wird in der idealisierenden Sicht der Wandlung – und die fasziniert ja zunächst – als „werde immerzu neu" verstanden. Das „Stirb", der Kummer, der mit dem Sterben verbunden ist, wird sozusagen als abgegolten phantasiert, weil ma ja eh schon so viel leidet auf dieser Welt. „Stirb" ist aber eine Aufforderung, etwas aktiv zu beenden, loszulassen, damit etwas Neues ins Leben hereinkommen kann.

Wenn wir es als Therapeuten mit ganz konkreten Menschen zu tun haben, dann steht dieser Wandlungssehnsucht die Widerständigkeit des nicht zu Wandelnden entgegen: Da geschehen immer wieder dieselben Dinge; man macht immer wieder den einen Fehler, wir sind nicht kreativ, sondern repetitiv; das Elend ist nicht rasch in Lebensfülle aufzulösen. Der Widerspruch wächst und wächst. Vielleicht kommen wir dann darauf, daß unsere Schulrichtung nicht gut genug ist, daß wir verschiedene Techniken zuwenig beherrschen, daß unsere Analysanden einfach nicht wollen, oder nicht tun, was wir wollen, nicht die geistige Ebene haben, die wir brauchen. Damit versuchen wir, uns die Faszination der Wandlung – als Therapieziel und als geheimes Ziel unseres Lebens – zu erhalten.

Erscheint uns diese Wandlungssehnsucht gar zu romantisch, dann sprechen wir lieber von Veränderung. Denn im Wort Wandlung schwingt etwas Mystisches mit: ganz anders werden können, so vielleicht, wie wir gemeint sein könnten – ganz zutiefst.

Veränderung: Das ist konkreter, faßbarer, bescheidener – Veränderungen der Analysanden durch Therapie also, die Sehnsucht der Wandlung dann für uns selbst, oder vielleicht maskiert als unausgesprochener Vorwurf: Warum lassen unsere Analysanden nicht zu, daß wir uns wirklich ganz wunderbar fühlen in unserem Beruf – schon fast wie kleine Götter?

Warum müssen sie uns dieses wunderbare Lebensgefühl vermiesen, das die Fähigkeit begleitet, alles was ins Stocken geraten ist, wiederum in Bewegung zu bringen? Warum bringen sie uns um den Erfolg? Aber Veränderungen, das gibt es natürlich.

Die größte Abwehr dieser Phantasie des Neuanfangs – und damit auch die größte Sehnsucht danach – sehe ich bei Menschen, die beides leugnen: Wandlung und Veränderung.

Therapie bringt nichts. Allenfalls eine Gewöhnung an das Symptom – wobei auch das eigentlich schon eine Veränderung wäre. Es sind nicht selten Menschen, die nicht therapeutisch arbeiten, die solches behaupten, und man fragt sich, aus welcher Motivation heraus – wenn nicht aus der Abwehr der Sehnsucht nach Wandlung – sie nachzuweisen versuchen, daß Therapie nicht wirkt. Diese Menschen geben sich ausgesprochen kritisch; vor dieser Kritik kann man deshalb auch nicht bestehen, will man die Sehnsucht nach der Wandlung nicht opfern, weil diese Kritik sich nicht zuerst einläßt, sondern zunächst abspaltet.

Was sind das aber für Menschen, die „wandlungssüchtiger" sind als andere? Sind es Menschen, die noch mehr als andere eine Vision für das noch ausstehende Menschliche haben und auch die Kraft, vieles an dieser Vision zu realisieren; oder sind es gerade Menschen, die beharrlich gegen ein zu großes Beharrungsvermögen, gegen die Verzweiflung, daß nichts sich ändert, angehen? Wie sehen Menschen, die selbst im therapeutischen Prozeß stehen, Wandlung und Veränderung?

Wie Wandlung erfahren wird – Eine Untersuchung

65 Menschen, die mehr als ein Jahr bei verschiedenen Therapeuten und Therapeutinnen in Therapie waren (verschiedene tiefenpsychologisch fundierte Therapieformen, eigene Analysanden und Analysandinnen waren von der Befragung ausgenommen) wurden auf Wandlung durch den therapeutischen Prozeß befragt.

52 gaben an, sich gewandelt zu haben, 13 Fragebogen kamen nicht zurück. Die beschriebenen Veränderungen unterscheiden sich deutlich voneinander.

Es werden zum einen Veränderungen im Umgang mit sich selbst und mit anderen Menschen, aber auch mit der Umwelt beschrieben. Diese Veränderungen machen deutlich, daß neue Fähigkeiten entwickelt, Entwicklungsschritte gemacht worden sind in Richtung auf mehr Selbständigkeit hin, mehr Autonomie, mehr Selbstvertrauen, mehr Lust, das Leben zu riskieren und Verantwortung dafür zu übernehmen. Fällige Trennungsschritte, Abgrenzungen ganz allgemein wurden gewagt; Veränderungen im sich selber Wahrnehmen und Annehmen, eigene Gefühle und Gefühle anderer wahrzunehmen, wurden festgestellt. Sich selber akzeptieren zu können, die Fähigkeit allein zu sein, konfliktfähiger zu sein, Abwesenheit oder Verringerung von psychosomatischen Beschwerden, mehr Humor, mehr Neugier waren weitere Veränderungen, die beschrieben wurden.

Generell beschrieben sich die Menschen als realistischer in bezug auf sich selbst und dadurch auch liebevoller im Umgang mit anderen Menschen, wie denn überhaupt Beziehungen zum anderen Geschlecht und zu Menschen des gleichen Geschlechts sich intensiviert haben. Menschen, bei denen diese Themen im Vordergrund standen, konnten keinen genauen Zeitpunkt für ihre Wandlung angeben. Sie sprachen von einem Wandlungsprozeß, einem Wachstumsprozeß oder einem Entwicklungsprozeß.

Dann werden aber auch deutliche, einschneidende Entwicklungen im Lebensgefühl beschrieben. Ein Beispiel:

„Ich hatte vorher (bevor ein für mich wichtiger Traum in der Therapie in einer ganz speziell dichten Atmosphäre gedeutet worden ist) nie das Gefühl, eine Daseinsberechtigung zu haben, jetzt frage ich gar nicht mehr danach, ich freue mich daran, mein Leben zu gestalten, ich falle nur noch selten in das alte Lebensgefühl zurück."

Wurden Wandlungen dieser Art beschrieben, dann war meistens ein deutliches Ereignis feststellbar, an dem diese Wandlung festzumachen war. Bei dem angefügten Beispiel der Traum, der in einer sehr speziellen therapeutischen Atmosphäre gedeutet worden ist.

Auch wenn der Zeitpunkt der Wandlung beschrieben werden kann, wird deutlich, daß diese Wandlung nicht aus heiterem Himmel kommt, sondern auf einer längeren Arbeit beruht, bestimmt auch schon viele Erlebnisse der Veränderung zuvor erfolgt sind und auch nachzuweisen wären, würde man etwa Therapietagebücher zur Beantwortung dieser Frage beiziehen.

Sehr deutlich werden Erlebnisse der Wandlung von Menschen beschrieben, die in einer Krisensituation eine Therapeutin oder einen Therapeuten aufsuchten, dies als wichtige Ergänzung (nicht aus meiner Befragung):

„Ich war nur noch von der größten Angst bestimmt, daß ich mich umbringen müßte, wenn herauskäme, was für ein moralischer Schuft ich bin. Irgendwie schaffte es der Therapeut, mir innerhalb einer Sitzung klarzumachen, daß es für mich Lösungen gab, dieses Problem anzupacken, daß es meine Verpflichtung war, Verantwortung für mein unentschuldbares Verhalten zu übernehmen – und er gab mir irgendwie auch den Mut dazu. Wie er das gemacht hat, weiß ich nicht, aber als ich hinausging, war ich wie neugeboren, ich hatte das Gefühl, eine neue Haut bekommen zu haben, wieder frei atmen zu können. Dabei lagen ganz unangenehme Gespräche vor mir, aber ich hatte das Gefühl, daß ich mich nicht drücken dürfe, es war eine Frage der „Würde". Das gab mir ein gutes Selbstwertgefühl – wie ich es sonst selten erlebe."

Bei diesem Patienten fällt auf, daß Symbole, die für Wandlung stehen, in seinem Sprachgebrauch vorkommen: Er ist wie neugeboren, er hat das Gefühl, eine neue Haut bekommen zu haben, kann wieder frei atmen.

Der Therapeut, der diese Krisenintervention gemacht hatte, sagte, er habe nichts Spezielles gemacht, er habe die Angst und die Verzweiflung aufgenommen, gemerkt, daß der Mann außerordentlich ansprechbar auf „Menschenwürde" sei, und ihn gefragt, was er denn tun müßte, um seine menschliche Würde in dieser Lebenssituation aufrechtzuerhalten – der Rest sei aus dem Klienten selber gekommen.

Wandlung wird sehr verschieden beschrieben:
1. Als ständiger Wachstumsprozeß, als Entwicklungsprozeß. Auch Zeiten des Stillstandes oder des sehr langsamen Voranschreitens werden erwähnt.
2. In diesen Wachstumsprozessen gibt es ausmachbare „Umschlagssituationen", Situationen, die das Leben eines Menschen sehr deutlich in ein „vorher" und ein „nachher" strukturieren, Menschen erleben sich deutlich verändert.
3. Noch deutlicher wird das Erleben, daß ein Neubeginn stattfinden kann, bei Menschen in einer Krise, bei denen erfolgreich eine Entängstigung in der Krise erfolgte und die dadurch wiederum Zugang zu ihren Ressourcen gefunden hatten.

Der „Beweis" für die Wandlung

Als *Beweis* für die Wandlung wurden vor allem positive und negative Reaktionen der nächsten Beziehungspersonen beschrieben, auch des Therapeuten oder der Therapeutin, dann aber auch neue Schritte im Berufsleben, Klärungen im Beziehungssektor, Ausdruck von mehr Lebensfreude. Weiter als gegenüber früher verändert erlebte Träume und Phantasien, in denen das Traum-Ich sich weniger als Opfer vorkam, dann auch Träume und Phantasien, die als farbiger, bedeutsamer erlebt wurden und betroffener machten. Diese Betroffenheit scheint sehr wichtig zu sein – eventuell ist sie eine Folge des zunehmenden emotionellen Aufgeschlossenseins.

Als Therapeutin erlebe ich Veränderung in der Beziehung zu mir in verschiedener Weise: Aggressive Auseinandersetzung wird mehr gewagt, mehr Nähe darf entstehen, ich werde vermehrt als Mensch wahrgenommen und nicht einfach als Therapeutin.

In der Gegenübertragung erlebe ich mich als entspannter. Die Beziehung wird komplizierter, die Unterscheidung zwischen Übertragung/Gegenübertragung und Beziehung wird immer wichtiger und auch schwieriger.

Ich erlebe auch Veränderungen im symbolischen Material: Träume werden mit der Zeit besser erinnert – das kann ein einfacher Lerneffekt sein –, dann sind sie in der Regel strukturierter, was einer zunehmenden Strukturierung des Ich-Komplexes entspricht, sie werden allerdings in Phasen der erneuten Umgestaltung auch wieder chaotisch. Auch ich erlebe Träume und Phantasien mit zunehmender Veränderung als lebendiger, obwohl für mich auch „gewohnter" – jeder Mensch hat seinen Traumstil, an den man sich gewöhnt.

Therapeutische Prozesse erlebe ich zyklischer, als dies in den Befragungen durch Analysanden und Analysandinnen zum Ausdruck kommt; mir scheint, daß immer wieder schöpferische Durchbrüche sich ereignen und diese neuen Lebensmöglichkeiten ins Leben hineingetragen werden. Dann ereignen sich wieder neue Konstellationen in der Psyche: eine neue Projektionsintensität wird erlebbar, es herrscht wieder mehr Chaos, mehr Angst vor. Mit der Zeit wissen die Analysanden, worum es geht, sie haben gelernt, mit solchen Situationen produktiv umzugehen, deshalb werden diese Situationen nicht mehr erwähnt.

Auf meine Frage, was der Grund für die Wandlung bzw. die Nicht-Wandlung sei, wurden (in der Reihenfolge der Häufigkeit aufgelistet) die folgenden Gründe für die Wandlung genannt:

– Die gute therapeutische Beziehung – oft als „Vertrauensbeziehung" bezeichnet.

Eine fehlende gute Beziehung wurde von sechs Personen als Grund für Abbruch der Therapie und Neubeginn bei einem anderen Therapeuten/Therapeutin angegeben, auch das übrigens als „Wandlung" bezeichnet. Der Therapeut/die Therapeutin werden als einfühlend, dennoch konfrontierend erlebt, mit „Glauben an die Entwicklungsmöglichkeiten" des Analysanden/der Analysandin.

- Das *Arbeiten mit symbolischem Material* (Träumen, Phantasien, Bildern).
- *Auseinandersetzung mit sich selbst.*
- Der *Zeitpunkt* für eine Therapie war gut gewählt.

Technik und Geheimnis

In zwei Fragebogen wurde explizit erwähnt, die Veränderung habe nichts mit der Technik des Therapeuten/der Therapeutin zu tun, sondern im wesentlichen mit der Beziehung. Nun gibt es natürlich keine analytische Beziehung, ohne daß gewisse Techniken angewendet werden. Technik verstanden als die Tätigkeit der Gestaltung und des Erschließens natürlicher Kräfte im Menschen, Technik also als die Summe der Mittel und Regeln, die helfen, die Gestaltungsmöglichkeiten der Psyche zu fassen und zu erfassen. (Das wäre der Zweck der Technik – *techné = instrumentum*).

Technik ist ein Mittel zum Zweck – unser Zweck ist das Bewußtmachen von Unbewußtem – von Verdrängtem, von Emotionen, schöpferischen Gestaltungsmöglichkeiten, letztlich mit dem Ziel, die Selbstregulierungstendenzen der Psyche aufzunehmen und sie erlebbar und erfaßbar zu machen, um Wandlung zu ermöglichen. Es ist geradezu das Anliegen der Technik in der Therapie, das verborgene Psychische zu *ent*bergen, es hervorzubringen; menschliche Schwierigkeiten, menschliche Fähigkeiten sichtbar werden zu lassen.

„Technik ist eine Weise des Entbergens"[1]. Nun *ent*birgt jede Technik, jede Technik *ver*birgt aber auch, verstellt uns gewisse Erlebnismöglichkeiten, und die größte Gefahr ist wohl die, daß wir uns im Anwenden einer Technik erschöpfen und nicht mehr wirklich zum Entbergen des Ursprünglichen kommen, eine Technik um der Technik willen anwenden und nicht mehr sehen, was wir mit ihr eigentlich entbunden haben.

Beispiel: So können wir etwa einen Traum mit allen Raffinessen deuten und vergessen darüber, die emotionale Betroffenheit ganz anklingen zu lassen, die vielleicht zu einer ganz anderen Deutung führen könnte. Oder wir sind dermaßen beschäftigt mit dem Deuten von Übertragung und Gegenübertragung, daß wichtige angebotene Bilder übersehen werden. Wir sehen nur noch einen Teil dieses Menschen, diesen Teil dafür überscharf.

Es ist gerade auch das Wesen der Technik in der Psychotherapie, die therapeutische Beziehung so zu gestalten, daß ein Optimum an psychischer Lebendigkeit zugelassen wird, und daß das Wesen des Analysanden/der Analysandin zum Ausdruck kommen kann. Die therapeutische Beziehung selbst beruht auch auf allen Techniken, die angewendet werden.

Wenn ich also frage, wie denn das Verhältnis von Technik und Geheimnis ist im Zusammenhang mit Wandlung in therapeutischen Prozessen, dann geht es nicht um die Gegenüberstellung von therapeutischer Beziehung und handwerklichen Methoden – Techniken –, sondern es geht mir darum herauszuarbeiten, daß gerade durch das Anwenden der sinnvollen Techniken etwas entborgen werden kann, das zuvor nicht da war, ein neues Erleben von sich selbst, ein neues Erleben der Welt, ein neues Erleben der Beziehung.

Wandlung. Damit sind neue Wirkungseinheiten geschaffen – unsere Eigenschaften erkennen wir letztlich an den Wirkungen, die sie in den Beziehungen haben. Sie sind auch nicht linear zu sehen, wir wirken aufeinander ein. Und damit ist sehr viel Geheimnis verbunden. Ich denke in diesem Zusammenhang an Eckart Wiesenhütter, der in Anlehnung an Novalis vom „Geheimnisstand" einer Person spricht, eines Analysanden, einer Analysandin. Dieser enthüllt sich nach und nach in der Begegnung, wobei das Geheimnis des einen Menschen verschränkt ist mit dem Geheimnis des ihm Begegnenden, dieser Geheimnisstand kann aber nicht wirklich aufgehoben werden. Das Ernstnehmen dieses Geheimnisstandes bewirkt eine bestimmte Haltung: In der Therapie ein respektvolles Begegnen, das nie alles und schon gar nicht im voraus weiß. Um das Wissen muß man sich immer wieder bemühen, um das schrittweise Lüften des Geheimnisses, darüber hinaus impliziert der

Geheimnisstand eine Haltung des Staunens vor den Möglichkeiten, die Menschen haben, Möglichkeiten, die immer das überschreiten, was wir jeweils für „menschenmöglich" halten, im Guten und im Schlechten. Eine radikale Offenheit der Zukunft für jeden Menschen ist damit mitgedacht. Leben muß nicht versteinert sein, muß nicht immer sich in gleichen Bahnen bewegen. Der Therapeut/die Therapeutin werden in dieser Situation zu Mitmenschen, die diese neue Offenheit entbinden helfen, in ihrem Vertrauen auf diese Offenheit kann sich Offenheit auch ereignen. Das mit dem Ernstnehmen des Geheimnisstandes verbundene Therapieziel ist nach Wiesenhütter „die Öffnung des Menschen zur Möglichkeit schöpferischen Werdens"[2].

Das ist auch das Therapieziel nach C. G. Jung: schöpferisch mit dem eigenen Leben umzugehen, *auf dem Weg* zu sein. Zum Thema des Schöpferischen gehören aber immer auch die Brachzeiten, manchmal auch die Trockenzeiten, das Aushalten von Lebenssituationen, in denen nichts zu werden scheint. Schöpferisch werden ist ein Therapieziel, ein anderes ist, sich mit sich selbst einverstanden zu erklären – als werdender Mensch – mit allen Ecken und Kanten, die uns doch letztlich ausmachen[3].

Stellen wir das Geheimnis eines Menschen in den Vordergrund, orientieren wir uns am Geheimnis einer Person, aber auch am Geheimnis des Wandlungsprozesses, dann sind wir in einer ganz speziellen therapeutischen Haltung, einer therapeutischen Haltung, die gerade mit den angewendeten Techniken, die durchaus immer mehr verfeinert werden können, das Ziel hat, etwas vom Geheimnis dieses Menschen zu entbergen, für *ihn selbst* zu entbergen, für *uns* zu entbergen. Der Mensch ist dann nicht eine Ansammlung von Komplexkonstellationen – das ist er u. a. zwar auch –, er ist immer auch sehr viel mehr, er ist immer auch etwas, das noch nicht ergründet, und daher auch spannend ist. Das aber wiederum ist die Voraussetzung, daß Wandlung möglich wird. Diese Wandlung in sich bleibt über lange Strecken geheimnisvoll. Das ganze Lebenswerk von Jung besteht eigentlich darin, das Phänomen der Wandlung zu verstehen zu versuchen.

Dennoch meine ich, ist Wandlung nicht nur geheimnisvoll: Es gibt therapeutische Haltungen, die Wandlung mehr zu ermöglichen scheinen als andere. Wandlung scheint in einem Klima der Orientierung am Geheimnisstand grundsätzlich mehr Raum zu haben, auch eher erwartet zu werden. Mir scheint es auch wichtig zu sein, daß wir Wandlungsvorgänge in den Therapien so genau wie möglich beschreiben, um vielleicht noch immer mehr hinter das Geheimnis zu kommen.

Voraussetzungen für Wandlung

Für Jung ist das psychische System ein sich selbst regulierendes System, wie es auch der lebende Körper ist. Jung sieht diese Selbstregulierung vor allem darin, daß vom Unbewußten her Reaktionen gegen bewußte Einseitigkeiten zu erwarten sind, so daß die Integrität der Gesamtstruktur gewahrt bleibt, der Mensch aber auch fähig ist, seinen jeweiligen Standpunkt zu transzendieren (Veränderung oder Wandlung).

Für den therapeutischen Prozeß sind die Symbole als Verdichtungskategorien Brennpunkte der menschlichen Entwicklung: in ihnen bilden sich Lebensthemen ab, die unsere Schwierigkeiten ausmachen, die aber gerade auch neue Lebensmöglichkeiten in sich bergen, unsere Entwicklungsmöglichkeiten abbilden. Zudem zeigen diese Symbole, daß unsere persönlichen Probleme meist auch typisch menschliche Probleme sind, was sich daran erkennen läßt, daß viele unserer Symbole, die wir zunächst als sehr persönliche Symbole erleben, in Märchen und Mythen, in der Literatur und in der Kunst anzutreffen und dort in einer speziellen Gestaltung erfahrbar sind.

Daß im Symbol immer ein Hemmungsthema, das zugleich ein Entwicklungsthema ist, angesprochen wird, wird deutlich, wenn wir bedenken, daß Symbole Komplexe abbilden. Komplexe sind Konstellationen von verdichteten Erinnerungen, Erfahrungen und Phantasien, um ein ähnliches Grundthema geordnet und mit einer dazugehörenden Emotion gleicher Qualität besetzt. Sie beeinflussen unsere Wahrnehmung von Welt, unsere Gefühle, unsere Beziehungen, unsere Ideenbildung, haben aber auch einen Einfluß auf somatische Vorgänge. Werden sie im aktuellen Leben angesprochen, zeigen wir sog. Überreaktionen; die Emotion, die mit dem Komplex verbunden ist, überschwemmt uns, Phantasien im Zusammenhang mit den Prägesituationen des Komplexes verzerren die Wahrnehmung der aktuellen Situation. Die Emotionen versuchen wir dann mit stereotypen Abwehrmechanismen zu bewältigen. Das führt zu stereotypen Abwehrstrategien.

Leiden Menschen z. B. im Bereich des Übergangenwerdens an einem Komplex, so weist das darauf hin, daß sie sich im Laufe ihres Lebens immer einmal wieder übergangen gefühlt haben, und daß diese Erfahrung mit schmerzhaften Emotionen verbunden war. Diese Menschen betrachten das Leben unter dem Aspekt: Werde ich – wird jemand – übergangen? Werden diese Menschen übergangen, dann reagieren sie mit der Emotion, die allen ihren Gefühlen bei den Erlebnissen des Übergangenwerdens in ihrem Leben etwa entsprechen. Phantasien, Erinnerungen an Situationen des Übergangenwerdens tauchen auf und verzerren die Wahrnehmung der Situation. Dann setzen Abwehrstrategien ein: Menschen, die uns übergehen, werden z. B. einfach entwertet.

In der Emotion, die den Komplex ausmacht, steckt die Energie, die dem Ich-Komplex fehlt, um mit diesem Problem zu Rande zu kommen. Diese Energie wird uns zugänglich, wenn wir den Komplex sich ausphantasieren lassen – in den symbolischen Gestaltungen. Die Symbole sind also – im Hier und Jetzt – die Verarbeitungsstätten der Komplexe; in den Symbolen kann die Auseinandersetzung des Ichs mit den Komplexen stattfinden. Das bedeutet aber auch, daß das Thema der Erinnerung, das mit dem Symbol verknüpft ist, lebensgeschichtliche Erinnerung an diese meist schmerzhaften Prägesituationen ist. Das Thema der Erwartung, das mit dem Symbol verknüpft ist, zeigt Wege aus der Komplexbefangenheit auf.

Komplexe zeigen sich natürlich nicht nur in den Symbolen, sondern sie sind auch konstelliert in Beziehungen ganz allgemein und in der therapeutischen Situation, dort nicht selten in kollusiven Übertragungen und Gegenübertragungen: Da wird einer zum Kind, das immer wieder ähnliche Konflikte mit Beziehungspersonen auszustehen hatte, der andere wird zu dieser Beziehungsperson, die komplexprägend war, denn in unseren Komplexen sind die schwierigen Beziehungserlebnisse unserer Kindheit und unseres späteren Lebens abgebildet und verdichtet.

Archetypen und Komplexe

Kern der Komplexe sind in der Jungschen Theorie die Archetypen, deshalb gibt es auch viele typische Komplexe, die geradezu volkstümlich geworden sind: Mutterkomplexe, Vaterkomplexe, Machtkomplexe usw.

Archetypen sind anthropologische Konstanten des Erlebens, des Abbildens, des Verarbeitens und des Verhaltens. Sie sind also Ausdruck der Menschenart des Menschen. Die archetypischen Vorstellungen sind vermittelt durch die persönlichen Komplexe, erhalten dadurch auch eine persönliche Färbung.

Der Archetypus ist einerseits ein strukturgebender Aspekt im psychischen und im physischen Bereich, d.h. Menschen haben in bestimmten Lebenssituationen, z.B. in Übergangsphasen, vergleichbare Emotionen, vergleichbare Phantasien, eine vergleichbare Anfälligkeit für Krankheiten im körperlichen Bereich, vergleichbare Möglichkeiten des Umgehens mit diesen Situationen, auch vergleichbare Phantasien der Rettung usw. Daß es dann doch auch die ganz je eigene Situation ist, verdanken wir unseren Komplexen. Zum Archetypus gehört über diesen strukturellen Aspekt hinaus auch eine spezielle Dynamik, die bewirkt, daß etwas von der Potentialität in die Aktualität gebracht wird. Diese Dynamik wird von Jung auch als „spontanes Bewegungs- und Tätigkeitsprinzip" beschrieben, sie bewirkt eine freie Bilderzeugung und eine souveräne Manipulation der Bilder und ist Grundlage für den schöpferischen Impuls.

Werden kollektive Symbole erlebt oder kollektiv symbolische Prozesse in Zusammenhang gebracht mit den persönlichen Schwierigkeiten, wird in der Regel eine große Betroffenheit erlebbar, die Emotion der Hoffnung bricht auf, Phantasien im Sinne des Bewältigens werden erlebbar, Wandlung wird als möglich erachtet oder wird erlebt. Gegenüber früher veränderte Emotionen sind erlebbar, damit wird auch anderes Verhalten möglich. Die gesamten Techniken, die in der Jungschen Schule angewendet werden, haben das Ziel, die Selbstregulierung, die über diese archetypischen Bilder an den Ichkomplex herangetragen werden, möglich zu machen.

Ein Beispiel zum Thema der Teilhabe

Ich habe erwähnt, daß Komplexe sich gerne aufspalten in kollusive Übertragungs-Gegenübertragungsmuster im therapeutischen Prozeß. Das findet besonders dann statt, wenn wir Aspekte der Elternkomplexe zu bearbeiten haben, die als hemmend erlebt werden. Es scheint mir das Wesentliche an dem, was wir den ursprünglich negativen Mutter- oder negativen Vaterkomplex nennen, zu sein, daß die Eltern es den Kindern – meist unbewußt – nicht, oder für das Bedürfnis des Kindes zu wenig, gestattet haben oder gestatten konnten, an ihnen teilzuhaben, mit ihnen in einem ozeanischen Lebensgefühl zu verschmelzen, in einem gemeinsamen „Wir" sich aufgehoben zu fühlen und dann auch wieder eigenständig zu werden.

Dadurch werden sie auf ihren Ich-Komplex zurückgeworfen in Situationen, in denen nicht Autonomie das Thema wäre. Eine wichtige Folge davon ist, daß diese Menschen das Gefühl haben, „nicht dazuzugehören", daher nicht liebenswert zu sein.

Ein Fallbeispiel
Ein 42jähriger Mann hatte einen Vater, der ihm immer das Gefühl gab, er erwarte von ihm etwas Bedeutendes.
Der Mann hatte in seiner Kindheit den Vater als sehr ent-

wertend erlebt, auch als sehr ausstoßend gegenüber dem Sohn. Vatersätze: „Man muß die Sachen nicht nur gern machen, man muß sie auch können ..." „Ich mache alles prima, du bist ein Würstchen." Der Sohn hätte gerne gehört: „Wir machen das schon miteinander."

Seit der 51. Stunde stockt die Therapie. Der Vaterkomplex ist konstelliert: Träume mit väterlichen Gestalten werden einmal nachimaginiert und gedeutet; ein Brief an den Vater wird geschrieben in Anlehnung an Kafka; in einem Psychodrama-Wochenendseminar mit einem Therapeuten bearbeitet der Analysand sein Vaterproblem. Die komplexhafte Gestalt des Vaterkomplexes wird projiziert, unter anderem auch auf mich: „Sie erwarten von mir irgend etwas Bedeutendes." Ich deute das als Übertragung der Situation mit seinem Vater, der etwas Bedeutendes von ihm verlangt. Er versteht. Es ändert sich nichts.

Nach einigen Stunden wurde mir bewußt, daß ich jetzt langsam wirklich etwas von ihm wollte, nicht gerade bedeutsam sollte er sein, aber zumindest einmal sich ein wenig verändern. Ich faßte diese Wahrnehmung in Worte: „Ich werde ungeduldig, ich möchte, daß sich etwas verändert. Aber ich habe kein Recht, diese Veränderung zu fordern."

Patient: „Den letzten Satz hätte Vater nicht gesagt."

Der Komplex war nun deutlich kollusiv aufgespalten: der Vateranteil des Komplexes war an mich delegiert, ich hatte die Delegation aufgenommen, ihm blieb der Kindanteil. Ich ärgerte mich darüber, daß ich nicht mehr seine Entwicklungsmöglichkeiten sah und auf sie vertraute, wie ich es üblicherweise kann, sondern daß ich ihn – recht systemimmanent im Sinne des Komplexes – als einen Versager sah. War er weg, dann konnte ich sehr gut unterscheiden zwischen meiner Identifikation mit einem Komplexanteil und meiner sonst üblichen Haltung.

Er sprach dann auch davon, daß ich eben doch etwas Bedeutsames von ihm wolle, daß er sich so klein fühle, so unbedarft, so wie ein Kind, das am liebsten in den Boden versinken möchte. Vorher aber würde er mich noch in den Absatz ste-

67

chen mit einer Nadel, da tue es besonders weh. Er würde sich doch so gerne verändern, wenn nur mir etwas einfallen würde.

Er konnte seine Wut wahrnehmen, seine Ohnmacht, wir konnten sie auch annehmen, aber es tat sich nichts, auch die Träume wurden gerade jetzt nicht erinnert. Ich spürte immer mehr den Druck, etwas tun zu müssen, und es wollte mir einfach nichts einfallen. Er wurde immer fordernder: „Ich dachte eigentlich, Sie seien gut ...", ich immer phantasieloser. In der 63. Stunde ärgerte mich das nicht wie sonst, sondern es amüsierte mich: was lief denn da eigentlich?

Ich sah plötzlich – als Gegenübertragungsbild – meinen Analysanden als kleinen, sehr einsamen Buben in einer kahlen Landschaft stehen, umgeben von einigen großen Gestalten, die alle auf ihn einredeten, er aber schrumpfte und schrumpfte und fühlte sich sichtlich als ein „Nichts". Ich beschrieb dieses mein Bild dem Analysanden und sagte ihm, ich hätte mich in letzter Zeit auch so gefühlt in unseren Stunden. Miteinander rekonstruierten wir die Gefühle des kleinen Buben angesichts der großen Gestalten, die der Analysand als Riesen bezeichnete.

Auch die Möglichkeit, vor dem endgültigen Versinken in den Boden noch in die Ferse zu stechen, erlebten wir gemeinsam als letzte, wirkungsvolle Rache. Die Atmosphäre zwischen uns war verändert, hatte ich in den Stunden zuvor mit Müdigkeit zu kämpfen, war ich jetzt hellwach, wir waren nicht in einer Distanz zueinander, nicht in Kampfposition, sondern ein deutliches „Wir" war zu spüren.

In die nächste Stunde kam der Analysand und sagte mir, er fühle sich wie neugeboren, jetzt habe er endlich das Gefühl, den „Panzer des Vaterkomplexes" abgeworfen zu haben. Ihm sei aufgegangen, daß er ja nicht nur in der Rolle des kleinen Buben sein könne; mir gegenüber sei er doch in der Rolle seines Vaters gewesen, und nicht nur mir gegenüber ... Es sei auch eine sehr harte Woche gewesen. Ihm sei aufgefallen, wie schrecklich er sich benommen habe, noch schlimmer als sein Vater – und das habe er ständig projiziert! Es nicht gemerkt!

Woran er merke, daß er den Panzer des Vaterkomplexes abgeworfen habe? Er benehme sich nicht mehr wie der kleine Bub, er müsse nichts Bedeutsames leisten, diese Entwicklung siei doch jetzt bedeutsam genug ... seine Frau habe gesagt, was denn sei, er habe sich deutlich verjüngt, sei freudiger geworden. Er habe seinen Chef um eine längst fällige Gehaltserhöhung gebeten und sie auch bekommen ...

Er träumte von einem gleichaltrigen Mann, der ihn sehr faszinierte, den er unbedingt kennenlernen wollte, er schien ihm entschlossener und zugleich verspielter zu sein als er selbst ... Ich war in der Stunde sehr entspannt und dankbar darüber, daß es solche Aufbruchssituationen gibt. Zwischen der bangen Hoffnung, daß sich die nächste Runde der Bearbeitung dieses Vaterkomplexes nicht zu rasch einstellen möge und der Faszination, was für Lebensmöglichkeiten für diesen Mann durchaus offen sind, oszillierte ich.

Diese Wandlung scheint mir sehr typisch verlaufen zu sein: Komplexe, bevor sie sich ausphantasieren, spalten sich gerne auf. Diese Aufspaltung entspricht einer Delegation. Als diese mir bewußt wurde, deutete ich sie. Deutung schafft aber immer auch Distanz. Erst als mir auch der andere Teil der Komplexkonstellation bewußt wurde, ich als kleiner Bub, der ein Nichts ist, aber zusticht vor dem endgültigen Untergang, und ich meinen Gegenübertragungswiderstand aufgeben konnte, indem ich empathischer mit mir umging, mich amüsierte, statt mich weiterzuärgern, war ich zu meinem Unbewußten hin wieder geöffnet und konnte das Bild in den therapeutischen Prozeß stellen, das uns beide ansprach, das uns zu einem „Wir"-Erleben brachte, das uns beide mit unserem Unbewußten in Kontakt brachte. Damit konnte aber die Selbstregulierung der Psyche wiederum funktionieren, ich war aus der komplexhaften Einengung in der Beurteilung der analytischen Situation befreit, der Analysand erlebte sich „wie neugeboren", zeigte eindeutig ein anderes Verhalten als bisher, brachte ein neues – archetypisches – Symbol in den therapeutischen Prozeß (den faszinierenden gleichaltrigen, unbekannten Mann), das uns in der Folge sehr beschäftigte.

Sich in den Prozeß hineinzubegeben

Meine These: Gelingt es uns, eine ursprüngliche „Wir"-Situation herzustellen, oft gegen beachtliche Widerstände von beiden Seiten, dann kann wieder aufgenommen werden, was aus der Psyche an uns herangetragen wird, d.h. die Selbstregulierung der Psyche funktioniert dann wieder. Da die Selbstregulierung der Psyche des Analysanden in dieser Zeit nicht funktionierte, mußte sie von mir her geleistet werden. Wenn wir Analytiker uns unseren Bildern in emotional belastenden Situationen öffnen können, und diese Bilder wirklich unserem menschlichen Analyse-Wir oder unserem „Dazwischen" entsprechen und nicht nur unserer eigenen Komplexkonstellation, dann sprechen diese Bilder den Analysanden an, eröffnen ihm neue Phantasien, neue Emotionen, schließlich auch neue Handlungsbereitschaften. Es ist, als könnte man im therapeutischen Prozeß, aber nur, wenn man wirklich der Psyche des anderen geöffnet zugewandt sein kann, stellvertretend kreative Impulse aufnehmen und diese dem anderen Menschen zurückgeben. Die Selbstregulierung der Psyche des Analysanden/der Analysandin kann durch den Therapeuten in Gang gebracht und wieder an ihn/sie herangetragen werden. Das scheint mir etwas außerordentlich Geheimnisvolles zu sein und eng mit dem Gedanken der Wandlung verknüpft. Für mich sind das die Situationen in der Therapie, in denen ich deutlich das Gefühl habe, daß sich jetzt etwas bewegt hat – und das gibt mir Hoffnung auf *mehr* Bewegung – auf Wandlung.

In diesem komplizierten Prozeß, den ich so präzise wie möglich zu beschreiben versuchte, sind viele Überlegungen, die der Behandlungstechnik entspringen, der Behandlungstechnik, die im Zusammenhang mit der Theorie steht, auf der ich fuße und die ja auch ein Therapieziel impliziert. Es ist aber auch viel Geheimnisvolles damit verbunden: Warum ist die Veränderung so – und nicht anders – erfolgt, warum ärgerte ich mich genau an diesem Tage nicht mehr? Es gab dafür keinen äußeren, vernünftigen Grund – war es einfach der richtige Moment? *Kairos?*

Wichtig scheint mir auch zu sein, daß ich alle Technik anwenden mußte, die ich zur Verfügung habe, damit ich nicht weiter mit diesen Komplexanteilen identifiziert blieb, diese Komplexidentifikation hatte mir gerade den Blick für das Geheimnis dieses Menschen genommen, ihn also relativiert auf „nichts als" – ganz im Sinne eines negativen Vaterkomplexes, diese Komplexkonstellation hatte mich nicht mehr an Wandlung glauben lassen, allenfalls noch an Wandlung durch Abbruch.

Vielleicht ist überhaupt das Wichtigste am ganzen therapeutischen Prozeß, daß man sich in einen Prozeß hineinbegibt, in dem Wandlung grundsätzlich erwartet wird, ein Mensch mit einem arbeitet, der vom Thema der Wandlung angetan, ja fasziniert ist.

Aus der Einsamkeit
wieder zur Beziehung finden

Einsamkeit ist eher ein Thema der Literatur als der Psychologie. Wir Psychologen sprechen eher von Liebesverlust, von Verlustängsten, Trennungsängsten, von der Unfähigkeit, Verluste zu akzeptieren und zu verarbeiten, von der Schwierigkeit, tragfähige Beziehungen einzugehen. Wir wissen natürlich, daß damit schmerzliche Gefühle des Einsamseins verbunden sein können und meistens auch sind; aber wir fächern das große menschliche Problem und Potential des Einsamseins auf.

Oder dann sprechen wir auch vom großen Wert des Alleinsein-Könnens, sprechen von Autonomie und Individuation als wünschbaren menschlichen Entwicklungen, Entwicklungen, in denen der Mensch wirklich zu dem wird, was er ist, und das tut, was er von innen her tun muß, wohl wissend, daß ihn das auch in einen Gegensatz zu anderen Menschen stellen kann, an dem er leidet, der ihn einsam machen kann.

Dabei wissen wir natürlich, daß jeder Mensch eine Geschichte mit seinem Einsamsein hat; jeder von uns kennt Einsamkeitsgefühle aus der Kindheit, Gefühle der totalen Verlassenheit, etwa, weil wir wirklich verlassen wurden, ohne daß wir fähig waren, darauf zu vertrauen, daß schon wieder jemand kommen würde, oder weil wir ausgelacht wurden, von Spielkameraden etwa, weil etwas an uns anders war, als es zu sein hatte, oder daß Erwachsene über etwas lachten, in dem doch der ganze Ernst der Kinderseele steckte ... Und in der oft gleichen Art, wie wir als Kind diese Gefühle der Einsamkeit verarbeitet haben oder einfach mit ihnen umgegangen sind, gehen wir auch als Erwachsene noch mit diesen Erlebnissen um. Half uns jemand in unserer Verlassenheit, gab uns stellvertretend jemand das Gefühl, daß Welt doch vertrauenswürdig ist, oder haben wir uns einfach weinend auf uns zurückgezogen, nachdem alle Versuche, die Situation zu verbessern, gescheitert sind? Haben wir dann irgend etwas für uns gestaltet? Oder haben wir in wütender Auflehnung uns abgewendet von denen, die uns so ein Einsamkeitsgefühl beschert haben, sie nun zutiefst verachtend? Oder haben wir uns entschieden und beherzt geschworen, es denen schon zu zeigen? Das sind natürlich Verhaltensweisen, die sich gegenseitig nicht auszuschließen brauchen, und ich meine auch nicht, daß wir, wenn wir einmal eine Verhaltensform gelernt haben, keine andere mehr lernen könnten; wir sind ja lernfähig. Aber zuerst müssen wir überhaupt wissen, welche Verhaltensformen wir gelernt haben und welche vielleicht auch unserer Persönlichkeit entspricht oder entsprach.

Die Geschichte mit unseren Einsamkeitsgefühlen geht weiter; die Situationen, in denen wir uns einsam fühlen, verändern sich, ereignen sich aber immer wieder. Wahrscheinlich kommen uns nur die einschneidendsten Einsamkeitserlebnisse überhaupt zum Bewußtsein. Sehr viele Gefühle des Einsameins verstecken sich hinter Vorwürfen, hinter destruktiver Kritik, hinter Rückzug. Es wäre sehr viel einfacher, damit umzugehen, wenn wir sagen würden: ich fühle mich jetzt einsam; als wenn wir sagen: du interessierst mich nicht mehr, ich finde dich langweilig.

Hermann Hesse hat in seinem Gedicht „Im Nebel" viele Aspekte des Einsameins angesprochen:

Im Nebel

Seltsam, im Nebel zu wandern!
Einsam ist jeder Busch und Stein,
Kein Baum sieht den andern,
Jeder ist allein.

Voll von Freunden war mir die Welt,
Als noch mein Leben licht war;
Nun, da der Nebel fällt,
Ist keiner mehr sichtbar.

Wahrlich, keiner ist weise,
Der nicht das Dunkel kennt,
Das unentrinnbar und leise
Von allen ihn trennt.

Seltsam, im Nebel zu wandern!
Leben ist Einsamsein.
Kein Mensch kennt den andern,
Jeder ist allein.

Hermann Hesse[1]

„Leben ist Einsamsein" – „Jeder ist allein" – „Kein Mensch
kennt den anderen": Wenn wir diese Aussagen so hinstellen,
dann sind wir versucht, „ja, aber …" zu sagen, zu protestieren.
Solange diese Aussagen im Nebel-Gedicht eingebunden sind,
erscheinen sie uns stimmiger. Gelten sie nur für eine ganz bestimmte Situation? Gelten sie dann, wenn wir uns depressiv
auf uns zurückbeziehen? Oder leuchtet in diesem überschar-
fen Wahrnehmen des einsamen Alleinseins aus einer depressiv
resignierten Situation heraus etwa eine menschliche Grund-
gegebenheit auf?

Angesprochen ist der Mensch als Einzelner, der hier nicht
mehr sieht und nicht mehr gesehen wird vom andern, der
auch nicht „gekannt" wird, der Mensch, der ganz für sich, getrennt von allem, was ihn umgibt, durchs Leben geht.

Sobald ich mich als ein Ich erlebe, das Einmalige meiner Individualität wahrnehme und darauf poche, unterschieden von
anderen Menschen, abgegrenzt, sobald ich auch die Notwendigkeit spüre, ein eigenständiger Mensch zu sein, letztlich das
zu erfüllen, was mein Lebensthema ist, dann bin ich allein
und kann mich auch einsam fühlen, dann nämlich, wenn mir
dieses Allein-Sein nicht genügt.

Wenn wir uns einfühlen in diesen im Nebel wandernden
Menschen, dann spüren wir vielleicht unser Alleinsein,
spüren uns selbst – frei von fremden Einflüssen, aber vielleicht
spüren wir auch Sehnsucht, Sehnsucht nach einem Du.

Daß wir allein sind und daß wir allein sein können müssen,

ist die eine Wahrheit. Die andere aber ist die, daß wir über uns hinaus sein wollen, daß wir uns auf ein Du hin ausrichten wollen. Und da setzt mein Protest diesem Gedicht gegenüber ein: Wir können in *Beziehung* treten zu anderen Menschen, wir können unser Alleinsein durch Einfühlen in einen anderen Menschen übersteigen, wir können uns solidarisieren; durch unsere Möglichkeit zu lieben heben wir unser Getrenntsein immer wieder lustvoll auf. Und gerade dann, wenn wir uns einsam fühlen, spüren wir am eindrücklichsten die Sehnsucht nach einem Du.

„Jeder ist" auch „allein"; aber im Erleben der Einsamkeit, im Gefühl der Einsamkeit ist auch die Sehnsucht, mit anderen Menschen verbunden zu sein, ausgedrückt. Und wie steht es mit dem Ausspruch: „Kein Mensch kennt den andern"? Diese Aussage stimmt für den, der auf der Position bleibt, daß jeder allein ist und daß es keine Möglichkeit gibt, dieses Alleinsein zu überwinden. Wenn Hesse mit „Kennen" gemeint hat, etwas durch und durch zu kennen, so daß man vor jeder – oder fast jeder – Überraschung sicher ist, dann stimmt seine Aussage, sagt aber gleichzeitig auch etwas aus über die Position des Einsamen: er könnte diese nur aufgeben, wenn er nichts wagen müßte. In Beziehung treten, offen sein für den andern, anfassen, angreifen, lieben – das ist *Wagnis*. Und vielleicht bringt gerade dieses Wagnis es mit, daß wir den andern kennen. Denn kennt man eigentlich etwas, wenn man es nicht liebt? Und lernen wir uns nicht auch dadurch kennen, daß uns jemand liebt? Liebe gibt uns ein Gefühl von Vertrauen, von Beheimatetsein, von Lebensüberschwang, von Fülle. Wenn wir einen Menschen lieben, dann sehen wir auch seine besten Lebensmöglichkeiten in ihn hinein oder aus ihm heraus; unsere Liebe phantasiert ein Stück seines Wesens aus, und wenn wir spüren, daß diese Phantasie wirklich etwas mit uns zu tun hat, dann fühlen wir uns sehr erkannt und berührt und dadurch diesem Menschen sehr nah. Wenn die Phantasie nichts mit uns zu tun hat, fühlen wir uns sehr einsam, unerkannt. Wir machen uns Bilder von dem geliebten Menschen, und diese Bilder können sehr viel dazu beitragen, daß wir uns erkennen.

Es ist ein Jammer, daß wir oft erst dann von diesen Bildern wirklich sprechen, wenn sie, von der Liebe entleert, zu einem Forderungskatalog geworden sind, zum Vorwurf, weil man einem Bild nicht mehr genügt.

Das Drama des einsamen Menschen, der nicht liebt und nicht geliebt wird, ist es, daß niemand ihn be-rührt, ihn an-rührt – im weitesten Sinne –, daß niemand ihn in dieses Gefühl des immer auch noch Über-Sich-Hinaussein-Könnens bringt, in dieses Gefühl des Bewegtseins, das ein Mehr an Leben ist.

Das Gefühl des Einsamseins hängt also zusammen mit der Notwendigkeit, einzelner Mensch sein zu müssen, eigenständiger Mensch in dem Sinne, daß wir werden müssen, was wir sind, abgegrenzt von den andern, auch allein, aber anderseits auch mit unserem Bedürfnis und unserer Möglichkeit, Beziehungen einzugehen, im Kontakt mit einem Du auch über unser Ich hinauszukommen, zu lieben.

In diesem ganz grundlegenden existentiellen Bereich sind die Probleme des Einsamseins angesiedelt; und es sind dem großen Bereich entsprechend auch viele und gewichtige Probleme möglich.

Eins drückt sich im Gedicht von Hesse aus: Enttäuscht von den Freunden, die nicht mehr sichtbar sind, die ihm in die Einsamkeit nicht folgen, zieht er sich aus der Beziehung zurück und bezeichnet dieses Wissen um das Getrenntsein als „weise"; er idealisiert also seinen Rückzug und spricht diese so schön ungerechten, weil zu einseitigen Sätze aus: „Leben ist Einsamsein. Kein Mensch kennt den andern, / Jeder ist allein." Ein Vorwurf an die Welt, an die Freunde, die sich nicht so benommen haben, wie er wollte? Wir haben hier einen depressiven Rückzug in die Einsamkeit vor uns. Ein Rückzug, der nur dann weiter bringt, wenn er der Selbst-Besinnung dient und die Gegenkräfte weckt, die Sehnsucht und den Mut, auf die andern Menschen zuzugehen statt zu fordern.

Ich habe versucht, zwischen Allein-Sein und Einsam-Sein zu unterscheiden. Für mich löst Allein-Sein andere Gefühle aus als Einsam-Sein: Man kann sehr wohl allein sein, ohne einsam zu sein. Wenn heute immer wieder gesagt wird: ich möchte so gerne einmal allein sein, und auch wenn man sich dabei phantasiert, in die Einsamkeit zu gehen, wo einem einmal kein Mensch begegnet, dann heißt das nicht, daß wir dann einsam sein wollen. Es besteht aber durchaus die Möglichkeit, daß wir uns dann einsam fühlen, sei es, weil wir das Alleinsein mit uns doch nicht so ganz genießen können, sei es, daß wir uns mehr an Alleinsein geben wollten, als uns im Moment angemessen ist. Jeder Mensch hat das Bedürfnis, von Zeit zu Zeit allein zu sein, und diese Bedürfnisse sind sehr verschieden. Einsamsein anderseits ist nicht an Alleinsein geknüpft: wir können uns sehr einsam fühlen, wenn wir mit einem Menschen zusammen sind, der uns nicht versteht oder nicht *mehr* versteht. Die Einsamkeit in den Beziehungen zwischen Menschen, die sich vielleicht überhaupt nie allein lassen, kann ungeheuer groß sein und ist dann auch als die Sehnsucht zu werten, die Beziehung zu verändern – in dem Sinne, daß Konflikte angesprochen und aufgearbeitet werden müßten, daß man wirklich Kontakt aufnimmt miteinander –, auch aggressiv. Nicht ausgesprochene Aggressionen verhärten uns gegen die Mitmenschen, und hinter die harte Schale ziehen wir uns zurück und beklagen allenfalls die Einsamkeit.

Einsamkeit: Bedrohung und Chance

Ich möchte nun an einem praktischen Beispiel sowohl die Bedrohung aufzeigen, die von der Einsamkeit ausgehen kann, als auch die Chance, die darin liegt. Ich kann Bedrohung und Chance schlecht trennen voneinander: in jeder Bedrohung liegt eine Chance und die Möglichkeit, unterzugehen.

Wiederum möchte ich ein Gedicht voranstellen, das einen anderen Aspekt der Einsamkeit zum Inhalt hat:

Einsamkeit

Die Poren saugen sie auf
bis sie im ganzen Körper
gleichmäßig verteilt ist

Tage tätowieren
unablässig Linien
in die Wange
Zeichen die nur die Sibylle
deuten kann

Die Freunde sind zugenäht
man kommt nicht heran an ihren Atem
auf ihren Lippen hängt eine farblose Fahne:
frostiges Lächeln

Wenn man sich umwendet
sieht man Fußspuren die
sich verlaufen im Sand

Die Mühle am Horizont
bewegt die Arme nach dem Pulsschlag eines
Wiegenlieds
Es ist Zeit
dem Alleinsein ein Ende zu bereiten
und schlafen zu gehen.

Rose Ausländer[2]

Dieses Gedicht spricht für sich. Einsamkeit, die von einem ganz Besitz ergreift, weil man nicht mehr an die andern Menschen herankommt, weil man die andern Menschen als kalt, als unnahbar erlebt. Rose Ausländer bleibt aber nicht in der Resignation und im Vorwurf an die Welt stecken; für sie gibt es einen Rückzug in den Schlaf, der begleitet ist vom Pulsschlag des Wiegenlieds, es gibt die Möglichkeit des Rückzugs in eine innere Geborgenheit. Flucht oder Chance? Oder Flucht als Chance? Es kommt wohl darauf an, was wir nach dem Aufwachen dann wiederum machen.

Dazu ein Beispiel:

Eine 54jährige Frau sucht Therapie auf, weil sie sehr viel Angst hat. Sie hat Angst, daß ihre Arbeitskolleginnen über sie schlecht reden, sie hat aber auch Angst, daß sie überhaupt nicht über sie reden. Sie hat Angst, eine unheilbare Krankheit zu bekommen, sie hat aber auch Angst, zu lange zu leben. Sie arbeitet als Nachtschwester in einem Pflegeheim und wird mit diesen Fragen ständig konfrontiert. Sie hat Angst, mit irgendjemandem in Kontakt zu treten, sie hat auch Angst, noch viel mehr zu vereinsamen.

Was ist der Hintergrund dieser Angst?

Agnes hat vor sechs Jahren ihren Mann durch den Tod verloren, sie hat drei Söhne, der jüngste ist vor zwei Jahren ausgezogen; sie war daraufhin umgezogen, weil sie es in der alten Umgebung nicht aushielt und weil sie am neuen Ort eine bessere Arbeit fand. Sie fand dann aber die neuen Kolleginnen zugeknöpft, die Heiminsassen sehr fordernd, die Nachbarn in der neuen Umgebung mißtrauisch und oberflächlich. Mißtrauisch: jeder frage sie, warum sie an diesen Ort gezogen sei. Oberflächlich: alle würden immer bloß vom Wetter sprechen, sie würde aber so gern ein wirkliches Gespräch führen. Ihre Söhne seien sehr selbständig, die brauchten sie nicht mehr. Am alten Ort habe sie noch einen „Bekannten" gehabt, aber der habe sie auch aufgeregt. „Ich habe ihm immer übelgenommen, daß er nicht Martin (ihr verstorbener Mann) ist." „Ich weiß natürlich, daß das Unsinn ist."

Ihre sehr sachlich vorgebrachten Klagen sind: sie wird nicht mehr gebraucht, niemand interessiert sich für sie, sie könnte sterben, man würde es nicht merken, sie ist ganz isoliert, spricht sofort davon, daß das ja das Problem der heutigen Zeit sei usw. Sie bezeichnet sich als so einsam, daß sich niemand vorstellen könne, wie einsam sie sei, ich auch nicht. Und insofern könne ich ihr auch nicht helfen. Es gebe da noch ein Problem: weil sie soviel Angst habe, vor allem Möglichen, habe sie es sich angewöhnt, ein paar Gläschen zu trinken. Das helfe vorübergehend. Aber sie verachte sich dafür. Ich empfand ihr Leiden an der Einsamkeit als sehr quälend; und ich hatte bei unserer ersten Sitzung zwei gegenteilige Impulse: ich sagte mir: tritt ihr ja nicht zu nahe, und: eigentlich möchte ich sie schütteln. Ich nahm diese Impulse wahr und war sehr sachlich. Ich fragte sie, wie sie sich denn so fühle, wenn sie sich einsam fühle und dann etwas trinken müsse. Sie fühle sich ganz verloren, sie habe das Gefühl, sie könnte dann einfach irgendwie abhanden kommen. Dann habe sie Angst. Dabei sei sie ein Leben lang stolz darauf gewesen, daß sie unängstlich und unzimperlich sei. Und jetzt das! Ich fragte sie, wie sie denn früher sich erlebt habe. Sie schilderte sich als sehr selbständig, als jemand, der kaum je jemanden „belästigt" habe („belästigt" war ihr Ausdruck). Und auf meine Frage hin sagte sie mir, sie empfinde es als Belästigung, wenn man immer von andern Menschen etwas wolle, überhaupt, wenn man jemandem zu nahe komme. Auf ihre Beziehungen angesprochen, meinte sie, sie habe immer viele Beziehungen gehabt; als ich nachfragte, es genauer wissen wollte, da sagte sie: ja eigentlich seien das so Beziehungen gewesen, die sich halt ergeben. An sich heran habe sie nur ihren Mann gelassen, und auch er habe jahrelang zeigen müssen, daß sie sich auf ihn verlassen könne. Sie habe immer große Sehnsucht gehabt, jemandem nah zu sein; wenn sie aber Zuneigung zu jemandem gefaßt habe, dann habe sie eine Angst ergriffen, und sie habe sich wieder zurückgezogen. Nur ihr Mann habe damit umgehen können, er habe sie dann scherzhaft „Mein Igel" genannt. Und dann erzählte sie, wie sehr sie ihren Mann vermisse, wie sehr er ihr das Leben lebenswert gemacht habe.

Das Gefühl der abgrundtiefen Einsamkeit von Agnes, der Verlorenheit, der Angst, die damit zusammenhängt, und das damit verbundene Problem des Alkoholismus – als das stellten sich dann nämlich die paar Gläschen heraus – haben eine lange Geschichte:

Agnes war schon immer ein Mensch, der im Beziehungsbereich mißtrauisch war, wohl aufgrund von Enttäuschungen in ihrer Kindheit. Sie ist aber auch jemand, die nicht Gefühle zeigen kann und will und für die sich auf andere Menschen nicht verlassen ein Wert an sich ist. Kontakt aufnehmen kann von ihr nur als Form der Belästigung gesehen werden, und das zeigt auch, wie unwert sie sich fühlte. Dieses Sich-unwert-Fühlen war bei Agnes unter anderem auch Familienstil: Sie kam aus einer „schlechten" Familie (wie sie immer wieder sagte). Sie kam aus einer armen Familie. Ein Familiensatz heißt: „Wenn man niemanden belästigt, hat auch unsereins ein Recht zu existieren."

Sie war wohl schon immer ein eher einsamer Mensch, jemand, der nicht aus sich heraus konnte und wollte. Agnes hat einen Partner gefunden, der mit ihr Kontakt haben konnte, dem es sogar gelang, ihre abrupten Rückzüge anzusprechen. Und dann verlor sie diesen Mann. Die Bemerkung, daß sie ihrem Bekannten übelnehme, daß er nicht Martin sei, weist klar darauf hin, daß sie die Trauerarbeit nicht abgeschlossen hat, daß sie sich noch nicht mit dem Verlust abgefunden hat und deshalb auch nicht in der Lage ist, neue Beziehungen einzugehen. Das ist wohl immer ein sehr wesentlicher Aspekt des Einsamseins: die Bindung an jemanden, den man verloren hat. In diese Trauerproblematik fällt der Weggang der Söhne, den sie so selbstverständlich hinstellt, wie wenn das überhaupt kein Thema wäre, das einem Schwierigkeiten machen könnte, dann der Wegzug vom alten Ort. Alles Ereignisse, die unsere Einsamkeit vergrößern können. Das Nicht-mehr-Aushalten an dem Ort, wo sie früher mit ihrer Familie gewohnt hatte und wo sie auch einen „Bekannten" hatte, hätte sie wohl als Hinweis darauf sehen müssen, daß sie es mit sich nicht mehr aushält und daß sie auch in ihrem Beziehungsverhalten etwas ändern müßte. Statt dessen hat sie den Ort gewechselt, fühlt sich noch einsamer und in ihrer Abgeschlossenheit auch bedroht von den andern Menschen. Die ganze Trauer um den Weggang der Söhne, um ihre neue Lebenssituation hat sie verdrängt, weil man eben von so etwas „kein Aufhebens" macht. Und damit hat sie sich in eine sehr belastende Einsamkeitssituation hineinmanövriert. Und nur die Angst veranlaßte sie, therapeutische Hilfe zu suchen.

Es war allerdings für sie sehr schwierg, dieses anzunehmen. Am Anfang fragte sie mich immer wieder, ob sie mich nicht belästige, ich hätte doch bestimmt interessantere Patienten. Auch sagte sie mir immer wieder, daß ich ihr bestimmt nicht helfen könne, weil ich ihre Einsamkeit nicht ermessen könne. Daß ich ihre Einsamkeit nicht ermessen könne, gab ich ihr gerne zu, sagte ihr aber auch, daß das nicht Voraussetzung sei, daß ihr geholfen werden könne. Sie selber müsse ihre Einsamkeit ermessen, ich könne ihr ohnehin nur Hilfe zur Selbsthilfe geben. Als sie wieder einmal unendlich oft wiederholt hatte, daß sie so einsam sei, bat ich sie, ein paar mal richtig laut zu sagen: „Ich bin so einsam." Sie sprach immer lauter und immer vorwurfsvoller und sagte dann: „Ich will, daß die Welt sich ändert, daß ich meinen Mann zurückbekomme, daß das Leben so ist, wie ich es will. Ich will, daß die andern auf mich zukommen." Und dann: „Ja, das kann ich wohl lange wollen, die Welt wird es schon nicht tun. Ich bin doch sehr ansprüchlich."

Das ist ein sehr wichtiger Moment in der Arbeit an der Einsamkeit, wenn einsichtig wird, daß der Vorwurf an die Welt nichts bringt, daß dieses Gerechtigkeitsdenken, das meint, daß man nämlich für das viele Leid irgendwie belohnt werden müßte, eben nicht stimmt. Dann beginnt man, die Verantwortung auch für seine Einsamkeit zu übernehmen.

Unsere Beziehung war geprägt von tastenden Versuchen, einander näher zu kommen, von Rückzügen ihrerseits, sobald ich einmal zu direkt war, von ihrem geheimen Entsetzen, wenn ich meine „Übergriffe" (wie sie sie nannte) nicht nur nicht bedauerte, sondern genau wissen wollte, was ihr denn jetzt Angst gemacht habe. So lernte sie über die „sehr schwierige Beziehung" zu mir, überhaupt wieder einmal einem Menschen etwas über sich mitzuteilen, allerdings lange mit einer großen Angst, sich zu vergeben.

Ich sprach von Beginn unserer Therapie an die Beziehung zu ihrem verstorbenen Mann an, weil sie sich dort lebendig anfühlte und ich überzeugt war, daß sie „nachtrauern" mußte. Sie erzählte mir, daß sie ihre Trauer sehr in sich hineingefressen habe, daß sie vor allem darauf bedacht war, daß sie für ihre Söhne da war. Dann habe sie sich angewöhnt, immer dann mit ihrem Mann Zwiesprache zu halten, wenn sich irgend ein Problem gestellt habe. Und es habe viele Probleme gegeben mit den Söhnen, aber sie hätte alle gelöst. Dann habe sie noch öfter Zwiesprache gehalten mit ihrem Mann, sie habe das einfach schön gefunden. Sie habe schon sehr Sehnsucht nach ihm

gehabt, eigentlich habe sie sich damals nicht so einsam gefühlt, nur voll Sehnsucht, sie habe ihn zurückhaben wollen,
aber es sei ganz gut gewesen, dann mit ihm zu sprechen, wenn
sie es gewollt habe. Irgendwann sei das dann einfach nicht
mehr gegangen, sie könne ihn jetzt sich gar nicht mehr so richtig vorstellen, und das Gefühl von Nähe sei verschwunden. Sie
habe keine Sehnsucht mehr gefühlt, nur noch Verlorenheit
und Einsamkeit. Und da habe sie dann manchmal einen andern Mann getroffen, aber der sei nicht zu vergleichen mit
ihrem Martin. Und es könne überhaupt niemand Martin ersetzen.

Als ich ihr bestätigte, daß niemand Martin ersetzen könne
und es auch nicht darum gehe, daß er ersetzt werde, eine neue
Beziehung sei kein Ersatz für die alte, sondern ein Neuansatz,
und daß es darum gehe, daß sie weiterleben könne, auch als
die, die sie in der Beziehung zu Martin gewesen sei, und daß es
wohl auch möglich sei, daß Martin einiges in ihr geweckt
habe, da fing sie, die sonst immer extrem gefaßt gewesen war,
fassungslos zu weinen an, entschuldigte sich nicht dafür – was
sie sonst schon bei kleinsten Emotionsäußerungen getan
hatte –, sondern sagte bloß: „Mensch, war ich blöd." Von da an
konnten wir sehr gut über ihre Beziehung zu Martin sprechen,
sie konnte viele Probleme, die sie miteinander gehabt hatten,
aufarbeiten, auch spüren, wieviel Mißtrauen, mit dem sie Martin immer wieder das Leben sauer gemacht hatte, aus ihren Erlebnissen stammte, die sie mißtrauisch gemacht hatten. Sie
konnte sehr dankbar wahrnehmen, daß in der Beziehung zu
Martin sie ein wenig zu lieben gewagt hatte, ein wenig zu vertrauen, ein wenig zu geben, und daß sie all das ja nicht mit
Martin begraben mußte. Sie lernte, daß sie Martin verloren
hatte, aber daß das ganze Leben, das sie mit ihm gelebt hatte,
ja noch in ihren Erinnerungen war, daß alle zarten Züge, die er
in ihr belebt hatte, sie manchmal auch noch spüren konnte.
Sie machte eine sehr einsame Phase durch: sie war beschäftigt
mit sich, mit ihren Erinnerungen, sie war etwas verliebt in
sich und in Lebensmöglichkeiten, die sie plötzlich sah, so wie
es ihr in ihrer eher herben Art möglich war.

Aber diese Art von Einsamkeit fand sie sehr schön. Aus ihr heraus fand sie neu Kontakt zu ihren Söhnen, und sie konnte sich auch zugestehen, wieviel es ihr ausmachte, daß sie ein selbständiges Leben führten, daß sie aber auch stolz darauf war. Wir versuchten wiederum herauszufinden, was jeder dieser Söhne in ihr Leben gebracht hatte, was jeder aus ihr herausgelockt hatte, und so konnte sie den Verlust im Sinne des Lebens akzeptieren.

Nun war sie zwar von sich überzeugt, ein ganz interessanter Mensch zu sein, sie hatte unterdessen auch sehr viel bessere Kontakte zu verschiedenen Menschen, aber es war für sie immer ein Angang, sich zu öffnen, jemandem etwas zu sagen, was sie wirklich betraf, und nicht bloß etwas, was jeder hören konnte. Noch schwieriger war es für sie, einen Wunsch zu äußern, zu protestieren oder gar zärtlich auf jemanden zuzugehen. Alle diese Wünsche hatte sie ganz lange in der Phantasie, phantasierte Strategien, sah sich genau meine Reaktionen an auf diese Phantasien – und es entging ihr dabei nicht die leiseste Bewegung in meinem Gesicht. Und dann wagte sie es, auf Menschen zuzugehen, die ihr viel bedeuteten, bereit, beim ersten Nein nicht sich wieder einzuigeln, sondern ein Nein auch als eine Möglichkeit zu sehen, selber einmal Nein zu sagen.

Und es wurde ihr auch Nein gesagt, und sie mußte immer wieder sich bemühen, auf Menschen zuzugehen, die auch zu suchen, die zu ihr paßten, und nicht zu vergessen, daß auch sie etwas zu geben hatte, aber auch, daß sie einfach auch menschliche Nähe und Auseinandersetzung brauchte.

An diesem Beispiel werden sehr viele Aspekte des Einsamkeitsgefühls sichtbar, die ich noch einmal zusammenfasse:
– Es gibt Menschen, die aufgrund ihrer Persönlichkeitsstruktur einsamer sind als andere, das heißt, die mehr für ihre Beziehungen tun müssen als andere, die dafür aber auch das Erleben haben, daß Beziehungen nicht einfach etwas sind, was sich ereignet, sondern daß Beziehungen gepflegt werden müssen. Nichts wird diesen Menschen im Beziehungsbereich allzu selbstverständlich, das heißt aber auch: Beziehungen sind

ihnen kostbar. Es sind dies Menschen, die eher mißtrauisch sind, ihre Gefühle nicht leicht zeigen können, Wünsche nicht äußern dürfen – allenfalls auch aus Angst vor einem Nein – und sich, weil sie ihre Werte nicht einbringen, auch nicht wertvoll fühlen. Das kann mit Kindheitserlebnissen zusammenhängen, hat aber auch sehr viel zu tun mit Familiengepflogenheiten, ja auch mit Sitten in einzelnen Ländern.

– Wer sich einsam fühlt, kann das selten als einen vorübergehenden Zustand im Leben sehen, der von einem will, daß man sich mit sich auseinandersetzt, sondern die Einsamkeit wird oft als Folge von feindseligen Handlungen der Mitmenschen interpretiert. Das bewirkt, daß man sich immer weiter in die Einsamkeit hineinwühlt, weil man ja dann auch nicht mehr auf die Menschen zugehen kann. Ausbrüche aus diesem Kreis der Einsamkeit sind sehr schwierig, meistens wechselt man den Ort statt das eigene Verhalten. Ortswechsel können wesentlich zur Vereinsamung beitragen.

– Das Gefühl der Einsamkeit ist oft gekennzeichnet durch ein Verlorensein, eine Ungeborgenheit, die Angst auslösen kann. Diese wird oft verdrängt, weil das Verlorensein durch eine Pseudo-Selbständigkeit verdeckt wird. Pseudo-Selbständigkeit nenne ich eine Selbständigkeit, die vorgibt, nie einen andern Menschen zu brauchen. Selbständig ist der, der auch selbständig entscheiden kann, ob er sich jetzt einem Menschen anvertrauen will, ob er die Hilfe, die Wärme, die Nähe eines andern Menschen braucht. Diejenigen Menschen sind am selbständigsten, die wissen, daß es für sie einige Menschen auf der Welt gibt, denen sie vertrauen können, und die auch auf sie vertrauen können.

– Um sich aus einer sehr einsamen Situation herauszuentwickeln – wenn man das überhaupt will –, muß man Beziehung zu einem andern Menschen aufnehmen, man muß in Beziehung treten wollen. Agnes hatte es getan, indem sie Therapie suchte; das ist eine mögliche Form des In-Beziehung-Tretens: es gibt viele mögliche Formen.

– Auch für die Einsamkeit müssen wir uns verantwortlich fühlen, zumindest für unsern Anteil daran. Und der ist groß.

– Unabgelöste Bindungen machen einsam, wenn ihre Zeit vorbei ist. In Ablösephasen fühlt man sich einsam, und das ist auch sehr sinnvoll: es ist die Zeit, in der man zu sich selber finden muß, als Einzelner, der jetzt nicht mehr in dieser Beziehung stehen kann, aber vieles, was in dieser Beziehung gelebt wurde, in ihm geweckt wurde, nicht verloren gehen darf.

– Es muß immer wieder akzeptiert werden, daß jede menschliche Bindung auch gelöst werden kann. Wenn es uns klar wird, daß wir zwar Menschen verlieren, nicht aber unsere Liebe, nicht das, was sie in uns geweckt haben, dann ist es ein wenig leichter, mit diesen äußerst schmerzlichen Erlebnissen umzugehen.

– Bei Agnes trat der Umschwung in ihrem Umgehen mit der Einsamkeit dann ein, als sie ihre Liebe wieder spürte. Und das ist wohl grundsätzlich so: wer sich von der Liebe getragen weiß und wer weiß, daß Liebe immer ihn wieder tragen kann, für den ist Einsamkeit Anlaß zur Selbstbesinnung, aber nicht zur Selbstzerfleischung.

– Auf den andern Menschen zugehen, sich öffnen, das ist immer ein Wagnis, ein Risiko, anderseits auch eine ungeheure Bereicherung des Lebens. Wenn wir lernen können, daß ein Nein ebenso normal ist wie ein Ja, wäre es sehr viel einfacher.

Einsamkeit als Verheißung

Dabei ist zu betonen, daß das Wort „Verheißung" ein problematisches Wort für einen Psychologen ist.

Dazu noch einmal ein poetischer Text:

Nachklänge Beethovenscher Musik

Einsamkeit, du Geisterbronnen,
Mutter aller heil'gen Quellen,
Zauberspiegel innrer Sonnen,
Die berauschet überschwellen,
Seit ich durft' in deine Wonnen
Das betrübte Leben stellen,
Seit du ganz mich überronnen

Mit den dunklen Wunderwellen,
Hab' zu tönen ich begonnen,
Und nun klingen all die hellen
Sternenchöre meiner Seele,
Deren Takt ein Gott mir zähle,
Alle Sonnen meines Herzens,
Die Planeten meiner Lust,
Die Kometen meines Schmerzens,
Klingen hoch in meiner Brust.
[...]

Clemens Brentano[3]

Mir fiel dazu ein Satz von *Binder* ein: „Einsamkeit schafft
‚Selbstgenuß' – so lautet im ‚Werther' und anderen empfind-
samen Romanen das Stichwort."[4] Dieser Satz stimmt dann,
wenn wir ein Selbst haben, das wir genießen können.

Geht es jetzt darum, die Einsamkeit zu überwinden, oder
geht es darum, die Einsamkeit zu genießen? Nicht nur Brentano singt das Lob der Einsamkeit: für die Mystiker ist die Einsamkeit die entscheidende Voraussetzung, daß sie in Verbindung treten können mit etwas Göttlichem in ihnen oder daß
dieses Göttliche mit ihnen in Verbindung tritt. Ja, was dieses
Göttliche ist, erfahren sie, wenn es abwesend ist – in ihrer
Sehnsucht. *Seuse*, der Konstanzer Mystiker, läßt seine Sophia
sagen: „Wenn ich mich verberge und mich der Seele entziehe,
so wirst du erst inne, wer ich bin und wer du."[5] Und in der Einsamkeit kann der Kontakt wieder hergestellt werden. Aber
meinen die Mystiker wirklich die Einsamkeit, meinen sie
nicht vielmehr das Alleinsein? Die Verbindung mit einem
göttlichen Du des Mystikers kann man kaum einsam nennen.
Die Sehnsucht des Mystikers nach einem göttlichen Du ist
wohl kaum zu unterscheiden von einer glühenden Liebessehn-
sucht eines Menschen, der auf ein konkretes menschliches Du
bezogen ist.

Was können wir denn lernen aus dieser Verherrlichung des
Allein-Seins? Vielleicht, daß gerade die Fähigkeit, mit sich

allein sein zu können, uns die Möglichkeit gibt, Quellen in uns zu entdecken, uns selber überhaupt zu entdecken mit allen unseren Möglichkeiten, den verdienten und den unverdienten, den guten und den bösen, mit unseren Sehnsüchten und Wünschen.

Die Einsamkeit wirft uns auf dieses Allein-Sein-Können zurück; grob gesprochen: wenn ich mich einsam fühle, müßte ich mich fragen, ob ich genug auf die Menschen zugehe, ob ich mich genügend einbringe, ob ich genug von mir gebe. Ich kann mich aber ebenso gut fragen: Stimmt alles mit meinem Allein-Sein? Kann ich allein sein? Kann ich es mit mir allein aushalten? Kann ich mir begegnen und Freude an mir haben? Nun ist es natürlich irrig zu meinen, daß, wenn wir uns so lange um unser Alleinsein herumgedrückt haben, wir dann gleich sprudelnde Quellen in unserem Innern antreffen. Die sind dann meistens ganz schön verstopft, und da muß man dann die Quellen eben etwas freilegen. Wenn wir allein sein können, dann können wir es auch besser ertragen, wenn jemand unsern Wünschen ein Nein entgegenstellt; wir erleben dann Grenzen, die uns ein anderer Mensch setzt, nicht als Zerstörung, sondern als Grenze. Allein-Sein und In-Beziehung-Stehen ergänzen einander und bedingen einander: unser Alleinsein-Können, das Spüren unserer inneren Quellen und Kräfte, aber auch unserer Nöte, einfach unserer aktuellen Wirklichkeit, bereichern unsere Beziehungen; unsere Beziehungen, unsere Liebe wecken verborgene Aspekte unserer Persönlichkeit, die unser Allein-Sein bereichern.

Hoffmannsthal schrieb in seinem Tagebuch, daß jeder Freund bei seinem Weggehen eine spezielle Form von Einsamkeit zurücklasse.[6] Wenn das stimmt – und ich meine, daß es stimmt –, dann bedeutet es doch, daß jeder Freund etwas ganz Besonderes in uns anspricht, aus uns hervorlockt, das wir vermissen, wenn er nicht da ist. Und dann müssen wir vielleicht mit uns allein sein, damit die Sehnsucht nach dem, was wir vermissen, uns in uns finden läßt, was er in uns angesprochen hat – und vielleicht noch mehr.

2. Teil
Wenn Frauen sich verändern

Wandlung im gelebten Leben zeigt sich auch dadurch, daß das Selbstverständnis der Menschen sich verändert und daß sich damit auch die Phantasien darüber verändern, wie das eigene Leben auch noch gelebt werden könnte. Neue Zielvorstellungen werden anvisiert, Vorstellungen von einem mehr befriedigenden, sinnvolleren Leben gewinnen Gestalt. Je deutlicher die eigene Identität durch die soziale Rolle festgeschrieben ist, um so weniger Raum bleibt für Wandlung, für Veränderung. Wird indessen das Rollenverständnis hinterfragt, vor allem auch als kollektiver Prozeß, der sich bei vielen Menschen – in unserem Zusammenhang bei vielen Frauen – gleichzeitig ereignet, dann werden viele mögliche Veränderungswünsche sichtbar. Das Phantasiepotential, das sich hier um die eigene Identität und damit auch um den Platz in der Gesellschaft dreht, wird aktiviert und regt dazu an, verschiedene Lebensentwürfe einmal auszuprobieren.

Wandlungen können auch zunächst vom Körper ausgehen. Sie müssen sich indessen aber nicht darauf beschränken, daß wir uns anders als zuvor in unserem Körper erleben, daß wir den Eindruck haben, etwas habe sich, vorübergehend, etwa bei Krankheit, oder definitiv, zum Beispiel durch die Geschlechtsreife, gewandelt; die körperlichen Veränderungen bewirken zudem auch Veränderungen in unserem psychischen Selbsterleben und in unserem Eingebundensein in die Gesellschaft. So besehen ist gerade das Klimakterium, das man gemeinhin als eine Phase des Verlusts sieht, auch eine Möglichkeit zu großer Veränderung, dazu, daß die Frau frei ist für Wandlungen, die sie näher an ihre eigensten Lebensmöglichkeiten heranbringt, jenseits der Fortpflanzung.

Bewegungen ins Selbstbild bringen – neue Phantasien entwickeln

Wenn ich zum Thema „Frausein heute" etwas sage, einem Thema, das mit vielen Emotionen verbunden ist und bei dem verschiedene Sichtweisen möglich sind, möchte ich zunächst deutlich machen, aus welcher Position heraus ich argumentiere. Damit ist eine Form von Wissenschaftlichkeit gewährleistet, die sich nicht auf eine – hier nicht mögliche – Objektivität stützt, sondern die das Gesagte und die Perspektive, aus der heraus etwas gesagt wird, miteinander in Zusammenhang bringen will, damit man besser in der Lage ist zu beurteilen, wie weit die Gültigkeit der gemachten Aussagen gehen kann.

Ich möchte zunächst also meine Position umreißen, aus der heraus ich argumentiere, einiges zu meinem Leben als Frau sagen, dann vom Erleben meiner Generation sprechen und zum Schluß einige typische Identitätskrisen heute und Identitätsfindungsprozesse aufzeigen.

Ich arbeite als Psychotherapeutin und Dozentin und schreibe Bücher. Ich bin in einer selbständigen Position. Ich war immer berufstätig und wollte auch berufstätig sein. Ich halte Liebe im ganz umfassenden Sinn zu Menschen, zu Dingen, zum Leben überhaupt für das Wichtigste in meinem Leben. Lange dauernde menschliche Beziehungen, in denen etwas wachsen kann, wo aber auch Brachzeiten durchgestanden werden, sind mir kostbar. Ich bin unverheiratet. Ich habe zwei Kinder großgezogen, die ich nicht auf die Welt gebracht habe. Ich fühle mich aber trotzdem als ihre Mutter.

Ich bin gerne eine Frau, fühle mich auch als Frau – mit weiblichen und männlichen Möglichkeiten.

Ich mag es nicht, wenn Frauen entwertet werden oder sich entwerten: Ich reagiere empfindlich, wenn Männer pauschal erklären: Das versteht eine Frau nicht. Ich empfehle viel Solidarität mit den Frauen und ihrem Bemühen, eine gleichgewichtige Stellung zum Mann in dieser Welt einzunehmen. Ich finde, das steht uns zu.

Radikalen Feministinnen bin ich zu wenig radikal: zu männerfreundlich. Die Männer haben mir nicht zu allzuviel Feindschaft Anlaß gegeben, – ich verstehe zwar, daß es für Frauen wichtig sein kann, sich auf sich zurückzuziehen, um zu sich zu finden, – aber letztlich werden wir unsere Probleme doch miteinander lösen müssen. Auch meine ich, daß ein wesentlicher Aspekt der Emanzipation der ist, daß wir Frauen auch unsere eigenen männlichen Seiten entwickeln müssen. Wir können aber nicht die Männer außen hassen und innen lieben.

Ich begegne sehr verschiedenen Männertypen: dem Vater-Typ, der mich zum kleinen Mädchen machen will und für den meine Autonomie ein Ärgernis ist; dem älteren Weisen, den ich stimuliere, und der mich stimuliert; dem „Bruder"-Mann, der sehr solidarisch und bezogen im Austausch bleibt mit mir, mit dem sich die Fragen einer neuen Identität, die Fragen vom Verhältnis von Selbständigkeit und Bezogenheit diskutieren lassen, ohne daß die erotisch sexuelle Anziehung darunter leidet.

Ich erlebe junge Männer, die sehr sensibel auch für ihre weiblichen Seiten mich als ältere Frau erleben, von der sie Bestätigung, ein wenig Bewunderung und ein wenig Weisheit haben wollen.

Ich erlebe aber auch den Mann, der meinen Körper taxiert und den Rest ablehnt, – und ich erlebe den verhärteten, verängstigten Mann, der den Frauen und mir zeigen möchte, daß er herrscht, der jeder Frau den Wert abspricht, wenn sie nicht eine traditionelle Rolle erfüllt.

Frauen erlebe ich als sehr solidarisch und bereit, innere Erfahrungen zu teilen, bereit auch zu sehr viel Nähe – und zu schwesterlicher Solidarität. Daß „das Weib des Weibes ärgster Feind" sei, habe ich in meinem Leben selten erlebt, immerhin aber fällt mir auf, daß wir Frauen immer solidarischer werden miteinander.

Ich erlebe mich einer Generation angehörig, die sich als die „aufgebrochene" Generation erlebt. Aufgebrochen in dem Sinne, daß die Rollenidentität, die noch das Leben unserer Mütter prägte, von uns nicht mehr übernommen wurde, nicht zuletzt dank dieser Mütter, die uns vermittelten, daß „das" doch nicht das ganze Leben sein könne. Ich empfinde mich als zu einer Generation gehörig, die viel Freiheit und Anreiz hat, neue Wege zu suchen, – sicher, gegen sehr viel Widerstand, aber nicht gegen zuviel Widerstand. Und das danken wir der Generation Frauen vor uns. Generationen von Frauen vor uns, die für die Rechte der Frau in irgendeiner Form gekämpft haben.

In diesem Aufbruch ist in uns Frauen ein ungeheures Potential an Lebensimpulsen spürbar, das zur Realisierung drängt. Das erfüllt mich mit Freude. Frauen stehen an ganz verschiedenen Positionen auf diesen neuen Wegen (soziale Herkunft, Familienstrukturen, Generation etc.), das Aufbrechen von neuen Lebensmöglichkeiten ist daher auch sehr verschieden erlebbar.

Wir Frauen, die studiert haben, sind ausgebildet worden wie die Männer. Ich habe diese Ausbildung nicht als etwas „mich dem Weiblichen Entfremdendes" erlebt. Das mag mit den Fächern zusammenhängen, die ich studiert habe. Das hängt bestimmt auch mit meiner persönlichen Struktur zusammen: Und das ist ja das Befreiende an der heutigen Situation, daß wir das leben dürfen, was in uns angelegt ist, und daß nicht der gleiche Weg von allen gegangen werden muß. Befremdlich war nur, daß es so wenig Professorinnen gab.

Im Bereich der Bildung haben wir, die wir studiert haben, uns bestimmt zunächst den Maßstäben der Väter angepaßt. Und auch meine Generation hatte noch das Gefühl, „besser" sein zu müssen als die männlichen Kommilitonen, um von den Vätern beachtet zu werden. Dieses den Vätern-Genügen, in ihrer Welt mitreden zu können, gab uns ein gutes Selbstwertgefühl und zugleich den Mut, zu fragen, ob wir denn auch im Bereich der Wissenschaft aus der weiblichen Perspektive heraus andere Akzente setzen können. Aus der Absicht heraus, treu zum eigenen Erleben zu stehen, das sich uns auftut im Umgang mit hergebrachtem Wissensstoff, werden neue Perspektiven z.B. in die Psychologie hineingetragen. Das zeigt sich im Bereich der Entwicklungspsychologie, wo festgestellt wird, daß oft, wenn in Untersuchungen von Kindern die Rede war, damit eigentlich männliche Kinder gemeint waren[1]. Es wird im Moment vermehrt versucht, die Entwicklung der weiblichen Kinder zu erforschen und die beiden Entwicklungen nicht gegeneinander auszuspielen, etwa im Sinne, daß die eine Entwicklung mehr Reife anzeige als die andere, sondern die beiden Entwicklungsformen nebeneinander stehen zu lassen als das, was sie sind: Menschen können sich verschieden entwickeln, und das macht den Reichtum des Menschseins aus.

Diese Beiträge von Forscherinnen haben eine wichtige Funktion für das Selbstbewußtsein als Frau: Die weibliche Psychologie wird nicht mehr einfach von der männlichen abgeleitet oder polar gegensätzlich dazu konzipiert: Weibliche Entwicklung, weibliches Erleben bekommen eine Eigengewichtigkeit. (Nicht mehr einfach nur die Rippe Adams ...)[2]

Aus dieser Eigengewichtigkeit heraus, aus diesem Selbstbewußtsein, auch etwas Gewichtiges zu sagen zu haben, ist die Chance gegeben, daß wir auch auf andere Weise als bisher am Gestalten dieser Welt Anteil haben.

Ich erlebe mich weiter als zu einer Generation zugehörig, die sich nicht mehr einfach als Tochter eines Vaters oder Frau eines Mannes definieren will. Ich meine, daß wir uns im Umgang mit den Männern bemühen, nicht einfach ins Rollenstereotyp zurückzufallen, um fraglos zu gefallen, sondern unsere Eigenständigkeit betonen, ohne unsere Möglichkeit und Sehnsucht nach Bezogenheit dadurch aufzugeben.

An die Stelle der Rollenidentität ist eine Identität getreten, die sich der Individuation und der Bezogenheit verpflichtet weiß, eine Identität, die sich aus der Bezogenheit auf die eigene Individuationsanforderung in Auseinandersetzung mit der Beziehung zu anderen und zur Umwelt ergibt. Ich nenne sie deshalb „Bezogenheitsidentität"[3]. Auch wenn das Ideal der

Identität der Bezogenheit im Vordergrund steht, heißt das keinesfalls, daß wir damit die klassischen Rollen von Mutter, Hausfrau, Ehefrau etc. nicht leben dürfen oder daß sie weniger wert wären: die Frage ist nur, ob diese Rollen auch zu einem passen. Das Konzept der Individuation aber legt nahe, daß alle Menschen weibliche und männliche Anteile haben, mit denen wir das Leben bewältigen können und müssen.

Aber wir erleben natürlich trotzdem, wie leicht man gerade wieder in diese typischen Frauenrollen hineingerät, oder wie sehr man sich plötzlich rechtfertigt, weil man nicht in diese Rollen hineingeht. Das Rechtfertigen enthüllt: So sicher sind wir unserer Sache nicht: neue Werte, das Beharren auf einer neuen Identität, die weiter ist als die ursprüngliche Rollenidentität, die auch neue Werte impliziert, sind wesentlich; aber alle alten Werte und die damit verbundenen Verhaltensweisen warten sozusagen im Schatten und sind keineswegs Bestandteile der Vergangenheit, sondern aktuell zu bearbeitende Gegenwart. Unser Identitätserleben ist geradezu verbunden mit einer Identitätskrise, die ihrerseits Anreiz und Aufruf zur Selbstbesinnung, zur Selbstwahrnehmung und zu einem Entschluß zum Selbstsein ist. Dieses Selbstsein ist von vielen Verdächtigungen begleitet. Da es, entlassen aus der Rollenidentität, ganz verschiedene Formen des Frauseins gibt, können wir unter Frauen auch nicht einfach eine neue kollektive Identität vertreten. Wir verdächtigen also einander, wenn wir uns nicht miteinander identifizieren können, schon wieder, die Sache der Frau verraten zu haben. Und in diesen Verdächtigungen verraten wir wohl die Sache der Frau am meisten, wenn wir nämlich wieder davon ausgehen, daß nur eine oder zwei weibliche Möglichkeiten wirklich richtig sind, wenn wir uns überhaupt so sehr auf dieses „richtig und falsch" einlassen. Natürlich verdächtigen uns auch die Männer: Wir sind fraglos aus der Kollusion Mann – Frau ausgestiegen: aus einem Beziehungsspiel, das jedem der beiden die Rollen festschrieb und ihnen auch die Sicherheit gab, eine Identität zu haben, wenn nur der Mann eine Frau und die Frau einen Mann gefunden hatte, der oder die ihm auch bestätigt, eine richtige Frau oder ein richtiger Mann zu sein. All das, was von den Selbstbildern dadurch ausgespart wurde, was aber auch menschliche Möglichkeiten sind, vor allem auch die gegengeschlechtlichen Haltungen, drängen jetzt ins Bewußtsein und ängstigen. Veränderungen, Wandlungen sind von Angst begleitet, denn wir wissen ja nicht, wohin sie führen. Und eines ist deutlich: Die Frage der Identität stellt sich, wenn wir nicht mehr in dieser Kollusionsform leben wollen, mit einer neuen Dringlichkeit für Frauen und für Männer[4].

In diesem Zusammenhang tut sich natürlich auch einiges: Männer und Frauen versuchen, zu menschlichen Möglichkeiten von sich zu stehen und sie zu leben, die außerhalb des Rollenklischees sind. Die mit dieser Kollusion verbundenen Werte in unserer Gesellschaft, die ja stark von den Werten geprägt sind, die mit dem männlichen Stereotyp verbunden sind – ewig dauernder Aufstieg, Rivalität und damit verbunden einem Klassendenken, Verteidigung des Erreichten, Ordnung durch Regeln usw. – sind aber noch kaum von dem, was in Bewegung ist, erfaßt.

Bei den Frauen und Männern, bei denen diese starren Rollenvorstellungen aufgehoben werden dürfen, werden aber andere Schwingungen des Umgangs erlebbar: Der Umgang wird spannender, freundlicher, erotischer – gerade weil Eros nicht gleich ins Bett führen muß – menschlicher, zärtlicher, konstruktiver.

Es ist vieles in Bewegung im Bereich des Selbsterlebens von Frauen und Männern, und diese Bewegung sieht, je nachdem wo wir stehen, anders aus: Nicht nur besteht ein großer Unterschied zwischen den sozialen Schichten, es bestehen dabei natürlich auch sehr große persönliche Unterschiede, je nachdem, in welche Rollen wir hineinerzogen worden sind. Beeinflussung durch Mutter und Vater, zu welcher Altersgruppe wir gehören, usw.

Deshalb schien es mir wichtig, zu versuchen, meinen Standpunkt etwas deutlich zu machen.

Spezielle Identitätserfahrungen und Identitätskrisen

Die Entwicklung aus der depressiven Struktur heraus

Ich möchte nun anhand einiger Aussagen von Frauen heute sowohl das Identitätserleben als auch die Identitätskrisen näher beleuchten, die mit dem Aufbrechen der Rollenidentität zu tun haben.

Ein Beispiel, das für viele stehen könnte ...

Eine Selbstbeschreibung: „Ich bin jetzt 44 und habe drei Kinder großgezogen. Mein Mann hat Karriere gemacht. Unsere Ehe ist durchschnittlich gut. Aber es muß jetzt trotzdem etwas geschehen. Ich bin sehr müde und ich werde immer müder. Die Ansprüche der Familie wachsen ins Unermeßliche, meine alltäglichen Pflichten werden immer mehr. Ich versuche, allen ihre Wünsche zu erfüllen, ich will eine gute Hausfrau und Mutter sein, wenn ich schon nur das bin. Wir haben viele Gäste, weil das für meinen Mann wichtig ist. Ich spiele dann die gute Gastgeberin, lache, wenn gelacht werden muß, höre mir die gleichen blöden Witze zum x-ten Mal an – freundlich. Ich bin in einem Netz von Verpflichtungen, die alle wichtig, aber irgendwie alle banal sind. Auch wenn ich sie erfüllt habe, gibt es mir keine Befriedigung. Ich fühle mich unzufrieden und habe Schuldgefühle, daß ich unzufrieden bin, denn eigentlich habe ich es doch gut. Ich habe immer darauf verzichtet, meine eigenen Wünsche in den Vordergrund zu stellen. Ich hoffte, daß, wenn ich mich opfere, irgendwann etwas zurückkomme. Es ist natürlich auch manchmal etwas zurückgekommen, aber immer weniger, oder nicht das, was ich mir erhoffte. Ich kann mich sehr gut in andere Menschen einfühlen. Mein Mann erwähnte das manchmal lobend früher. Jetzt ist es ihm gewohnt. Ich habe gehofft, daß er sich auch in mich einfühlen würde, daß er es lernen würde, aber er tut es nicht. Manchmal bin ich sehr zornig und denke, ich habe mein Leben verraten. Irgendwie habe ich aufs falsche Pferd gesetzt. Das kann doch nicht alles sein ..."

Diese Frau hat die klassische Hausfrauen- und Mutterrolle

gewählt. Man kann nun natürlich diagnostizieren, daß diese Frau an einer klassischen „empty-nest" (leeres Nest)-Depression leidet[5], daß die Zeit des Mutterseins vorbei ist und sie eine neue Rolle finden muß für den Rest ihres Lebens. Das gehört zweifellos auch zum Frausein heute; weil wir länger leben als früher, hat das Muttersein auch einmal ein Ende und eine neue weibliche Rolle oder neue weibliche Rollen können gelebt werden. Das ist auch durchaus eine Chance. Man könnte auch diagnostizieren, daß diese Frau eh eine ausgeprägte depressive Struktur hat. Ich möchte aber aus diesem Beispiel heraus etwas Kollektives ableiten, weil es wirklich für sehr viele Beispiele steht, auch für Frauen, die noch nicht in der Phase der Ablösung von den Kindern stehen oder überhaupt keine Kinder haben.

Ich meine, daß die klassische Mutter- und Hausfrauenrolle, in der sich die Frau auch als die Gehilfin des Mannes versteht, damit er seine Karriere aufbauen kann, die depressive Position geradezu herausfordert. Eine „gute" Hausfrau und Mutter ist eine Frau, die für „die andern alles ist und für sich selber nichts", die verzichtet und die Wünsche der andern erfüllt. Die Welt bekommt so zunehmend einen Forderungscharakter, immer muß sie Forderungen erfüllen, Anforderungen genügen. Was sie aber selbst möchte – außer die Wünsche der andern zu erfüllen –, bleibt im Dunkeln, gibt die nagende Unzufriedenheit. Natürlich hoffen diese Frauen, daß etwas zurückkommt, aber es kommt zu wenig zurück oder nicht das, was sie möchten. Ein schleichendes Gefühl der Unzulänglichkeit entwickelt sich und die Überzeugung, sie könne tun soviel sie wolle, es sei immer zu wenig. Die Liebe, die Wertschätzung, die sie sich eigentlich erdienen wollte, kommt nicht in dem Maße, wie sie sich erhofft hat. Und so breitet sich ein Lebensgefühl aus, für das alles notwendig und unausweichlich, aber auch alles banal ist. Statt daß etwas verändert würde, wird alles entwertet, das Leben, die Beziehungen, der Lebensentwurf, die eigene Liebesfähigkeit.

Nur allzu deutlich wird, daß in diesem Lebensentwurf der Anruf zum Selbst-Sein nicht gehört worden ist, daß die

Schuldgefühle mit der existentiellen Schuld, sich selbst zu verfehlen, zu tun haben. Das Drama dieser depressiven Position aber ist es, daß dabei der eigene Selbstwert immer zu sehr erschüttert wird, die Angst und die Aggressionen, die damit verbunden sind, nicht formuliert werden können, sondern sich in Selbstvorwürfen, Schuldgefühlen usw. niederschlagen. Die Familie als ganze trifft die Aggression indirekt durch die schleichende Entwertungsstimmung, die sich über alle legt, durch Unzufriedenheit, allenfalls auch durch Krankheit. Schuld an der ganzen Misere fühlt sich zunächst die Frau selbst, und erst, wenn der Zorn sie packt, dann wird der Schuldige im Mann gesehen, im Patriarchat, in den Normen, im Rollenzwang, der mit der Patriarchat zusammenhängt. Oft trifft der Zorn natürlich den Ehepartner, der sich eingerichtet hat mit dieser Partnerin, und der von der Frau aus gesehen wird als der Mensch, dem sie ihre besten Seiten und Zeiten geopfert hat, um zu gefallen, um sich anzugleichen. Er sagt bestenfalls, er habe das nie gefordert. Aber jemand muß natürlich schuld sein an dem Zwingenden: Wenn es Opfer gibt, dann muß es auch Angreifer geben. Daß diese Angreifer verinnerlichte Normen sind, Forderungen sind, die natürlich nicht unabhängig von den Partnern sind, diese aber doch sehr oft in ihrem Zwingendsein weit übersteigen, wird oft lange nicht gesehen. Denn sehr oft sind die „Angreifer" auch Personifikationen eigener verdrängter männlicher Wesensanteile, die, weil sie nicht gelebt werden, immer destruktiver werden. Sie würden zum Angriffig-Werden drängen, statt dessen werden sie auf den realen Mann projiziert – *er* wird dann zum Angreifer[6]. Nur langsam dämmert die Erkenntnis, daß niemand außer Mann/Frau selbst für die eigene Selbstverwirklichung letztlich verantwortlich ist: Die Ablösung von den Vätern findet statt.

Was nun in der kollektiven Entwicklung vieler Frauen heute geschieht, ist nichts anderes als der Versuch, sich aus dieser depressiven Position heraus zu entwickeln, die ja noch oft gekoppelt ist mit einem submanischen Abwehrvorgang. Da geben sich Frauen unendlich beschäftigt und machen sich vor, daß mit Pflichten *aus*gefüllt sein auch schon heißt, ein *erfüll-*

tes Leben zu haben. Da versucht eine Frau, sich und den anderen vorzumachen, was nicht ist: Es soll wenigstens den Anschein machen, wenn es schon nicht so sein kann, wie man fühlt, daß es eigentlich für einen sein müßte. Wenn auch diese Strategien versagen, wenn der Zorn die Frauen packt, dann machen sie sich auf, sich aus dieser depressiven Position herauszuentwickeln. Treibende Kraft ist der Zorn und der unbändige Wille, sich selbst nicht zu verfehlen. Daß da dann oft etwas wild um sich geschlagen wird, große Ansprüche erfüllt werden müssen, nachdem so lange keine Ansprüche gestellt worden sind – oder wenigstens keine Ansprüche in der richtigen Sache –, wen wundert das?

Auch bleibt dieser Aufbruch in sich ambivalent: Zu tief wurzelt die Überzeugung in der Frau, daß sie nur dann geliebt und geschätzt wird, wenn sie das erfüllt, was die andern von ihr erwarten, – und daß einmal ausbleibende Wertschätzung von außen eine Katastrophe für sie ist. Auch wenn überdeutlich geworden ist, daß Selbstaufgabe, daß die totale Anpassung nicht notwendigerweise Liebe hervorrufen muß, ist die Euphorie des ersten Aufbruchs einmal vorüber und ergeben sich natürlicherweise Schwierigkeiten, dann stellt sich doch manche Frau die Frage, ob denn die alte Rolle nicht doch auch einiges für sich gehabt habe. Nicht zuletzt wird auch deutlich, was sie auch mit dem Aufgeben der depressiven Position verloren hat: wieviel an Bequemlichkeit sie auch hatte, wie wenig Verantwortung sie letztlich übernehmen mußte, wie fraglos sie etwa geschätzt wurde als Frau eines bedeutenden Mannes.

Der Blick zurück entspringt nicht nur der Versuchung, sich in den alten Zuständen wieder einzurichten, oft muß in der alten Situation noch etwas er*blickt* werden, was in die neue Situation hinübergenommen werden soll.

Auch wenn die Fähigkeit, sich in andere Menschen einzufühlen, die Frau in eine beengte persönliche Lebenssituation bringen kann, weil sie sich vor allem in andere einfühlt, statt auch in sich selbst, so ist diese Form des Umgehens mit der Welt doch eine sehr wesentliche und eine sehr wichtige; sie ist eine notwendige Ergänzung zum abgegrenzten Umgehen mit-

101

einander, wie es eher den Männern eignet, wobei natürlich die Kollusion dahingehend aufgelöst werden müßte, daß beide Geschlechter sowohl empathisch als auch abgrenzend miteinander, mit sich und mit der Welt umzugehen lernen.

Auch das Mütterlich-Sein-Wollen, das sich in der alten Rollenidentität ausdrückt, ist kein Wert, der geopfert werden müßte. Unsere Welt braucht viel Mütterlichkeit. Die Frage ist nur, wo wir sie einsetzen wollen und ob wir nur mütterlich sein wollen zu anderen und nicht auch zu uns selber. Zudem stellt sich auch die Frage, ob die Versorgungsmentalität, die wir so leicht mit Mütterlichkeit gleichsetzen, auch wirklich mütterlich ist, ob sie nicht letztlich mütterlich einengend ist. Partner und Kinder auf dem Entwicklungsstand des Kindes, das sich noch nicht selbst versorgen kann, behalten zu wollen. Mütterlichkeit ist kein Wert an sich, auch sie muß in ihren Intentionen hinterfragt werden.

Auch die Haltung, einem Menschen bei der Bewältigung seines Lebens behilflich zu sein, ist uns wohl ein Bedürfnis. Unbefriedigend wird diese Haltung nur dort, wo dies immer nur einseitig geschieht, wo wir uns gegenseitig aus dem Blick verloren haben. Wie sehr wir uns aus dem Blick verloren haben, zeigt sich daran, daß Frauen sich sehr oft rechtfertigen müssen, wenn sie etwas für sich selbst tun wollen, sehr oft sich sagen müssen, das sei kein Egoismus. Oder Frauen, die selbstverständlich auch für ihre eigenen Bedürfnisse sich verantwortlich fühlen, werden egoistisch genannt. Das zeigt, wie tief dieses „für die andern alles sein und für sich selber nichts" uns geprägt hat – mit wie vielen Ängsten eine andere Haltung also auch verbunden sein muß. Selbstverständlich fallen uns nun alle Fälle ein, in denen eine hingebungsvolle, aufopfernde Frau plötzlich wirklich sehr egoistisch geworden ist, alle Verpflichtungen, alle Beziehungen über Bord geworfen hat und nur noch ihre Interessen in den Mittelpunkt gestellt hat. Mir scheint das eine Konsequenz zu sein, wenn die eigenen Bedürfnisse zu lange vernachlässigt worden sind. Die Egozentrizität wird auch ein Übergangsstadium aus dieser depressiven Position heraus sein, die natürlich den Partnern sehr viele Verluste an Wahrgenommen-Werden und auch an Versorgt-Werden bringt, also auch eine massive Selbstwertkrise.

Diese depressive Position wird nicht nur von Frauen eingenommen, die die klassische Mutter- und Hausfrauenrolle übernommen haben. Mir scheint, daß alle Frauen mehr oder weniger auf diese Position hin sozialisiert worden sind, daß sich alle Frauen aus dieser Position herausbewegen müssen.

Eines zumindest scheint in dieser Beziehung vielen Frauen heute klar zu sein: daß ein Zusammenhang besteht zwischen unserem Selbst-Sein und unserer Möglichkeit zur Beziehung, daß wir letztlich niemandem nützen, wenn wir uns selbst vernachlässigen. Dieses Wissen, diese Erlaubnis und Verpflichtung zu einer eigenen Identität außerhalb der Rollenidentität ist die Basis für die Wandlung. Nun wäre es natürlich am einfachsten, wenn der Zorn moderat umgewandelt werden könnte in eine aktive Kraft der Lebensgestaltung, im Gleichklang damit das Selbstbild der Frau mehr Facetten einnähme und sich in einem durchgängigen Gefühl der Selbstliebe zeigen könnte mit dem Bewußtsein, die Anforderungen an das eigene Selbstsein auch wirklich zu erfüllen. Dabei müßte dann der Zusammenhang mit den Menschen, mit der Umwelt nicht verloren gehen. Aber es liegt nicht im Wesen des Zorns, zu moderatem Handeln und zu moderater Entwicklung zu führen.

Entwicklungswege aus der depressiven Position heraus

Die um sich schlagende „Emanze"

Den zornigen Weg kennen wir am besten von jenen Frauen, die gar nichts mehr wissen wollen von den Männern, die genug haben, aggressiv ihre Rechte fordern und sie auch wahrnehmen. Sie sehen gar nichts Gutes mehr an diesen ursprünglichen Partnerschaften, sehen nur noch, daß man in einer Partnerschaft beschnitten wird, nicht aber auch bereichert. Sie wollen das erreichen, was für sie richtig ist, und die Männer sind und bleiben schuld daran, daß sie es nicht können.

103

Die Männer fühlen sich mit Recht entwertet und zahlen mit gleicher Münze heim: Sie entwerten auch.

Dieses Um-sich-Schlagen ist eine erste Phase der Entwicklung aus der depressiven Position heraus. Das Identitätserleben beziehen diese Frauen in dieser Phase aus dem Aufbruch und aus dem klar Sich-Unterscheiden von den Männern und von anderen Frauen, die den alten Kurs verfolgen. Es ist eine Phase der Abgrenzung und der Selbstzentrierung, aber auch der Grenzüberschreitung.

Natürlich wird es diese stürmisch aufbrechenden Frauen in jeder Generation wieder geben, die die Diskussion um die Identität immer wieder anheizen. Das könnte unter anderem auch damit zusammenhängen, daß für die adoleszente Frau Identitätserleben und Erleben von Intimität mit einem Mann oder mit etwas umfassend „Männlichem" zusammenfallen. Es könnte ein ganz normaler Schritt zur Individuation der Frau sein, daß sie in einer nächsten Phase ihrer Entwicklung sich auf ihre Identität, die nicht im Zusammenhang steht mit einem Mann oder dem Männlichen außen besinnen muß. Diese Rückbesinnung erfolgt im Protest gegen das zuvor Gelebte.

Es wird wohl auch Frauen geben, die immer in dieser Phase des stürmischen Protests leben werden, nicht in dem Sinne, daß ihre Entwicklung nicht weiterginge, sondern in dem Sinne, daß ihnen grundsätzlich etwas Amazonenhaftes eignet, daß in ihnen der Archetypus der Amazone[7] sich verwirklichen will. Die Amazonen brauchten den Mann nur, um Kinder von ihm zu empfangen, sonst aber waren sie „jungfräulich", das heißt, sie lebten aus sich heraus, seelisch unbezogen auf den Mann. Sie waren aber bezogen auf die wilde Natur, frei schweifend suchten sie da ihre Abenteuer. Wildnis, Wald, Sterne, Berge – damit setzten sie sich auseinander und versuchten, sich selbst dabei zu erfahren. Kontakt hielten sie mit den Gefährtinnen. Diese Unabhängigkeit verteidigten sie auch.

Nun hat man wohl in den mythologischen Amazonen[8] eine vorpatriarchale Form des Weiblichen zu sehen, bei der die Frauen in enger Verbindung mit der Natur lebten. Wenn heute nun das Amazonische wiederum mehr von den Frauen gelebt wird, dann ist es wohl der Versuch, der allzu domestizierenden Erziehung, die die Angriffslust der Mädchen so sehr gebändigt hat, entgegenzutreten, das wilde Weibliche zu erleben, das wehrhafte Weibliche, aber auch die Verbindung zur Natur und zum Natürlichen im weitesten Sinne wieder aufzunehmen. Es geht darum, die *ganze* Sinnlichkeit und Sinnenhaftigkeit wieder zu erleben, sich neu auf den Körper einzulassen, und die Schwingungen des Natürlichen und die Rhythmen des Natürlichen wiederum zu spüren. Die Natur, das Natürliche, aber auch der Geist in der Natur, die Naturmystik sind letztlich Anliegen dieses Lebensentwurfs. Ist diese Frau auch aus der Sicht dessen, der Frauen nur in Beziehung zu Männern sehen mag, ein Ärgernis, für das Selbsterleben dieser Frauen und für unsere Gesellschaft als Ganzes ist hier wohl ein wichtiger Prozeß im Gange, ein Prozeß, der letztlich auf alle bereichernd wirken könnte.

Das Selbsterleben einer 32jährigen geschiedenen Frau, die in einer Frauengruppe lebte, die sich als sehr amazonisch verstand:

„Ich fühle mich eigenständig und frei, ein Teil der Natur, vital, stark. Ich lerne von den Rhythmen der Natur, fühle mich eingebunden. Ich weiß noch nicht, wie ich das zurückbringe in die Welt der Wissenschaft. Aber ich weiß, daß ich mich nie mehr so sehr ideologisch einengen lasse. Ich werde mit meinen Ideen Wissenschaft machen."

Und die Identitätskrise:

„Ich will mich auf keinen Fall auf lange abschneiden von anderen Menschen. Ich habe einen neuen Selbstbezug gefunden, der unheimlich spannend ist. Ich finde uns Frauen sehr interessant, aber das, was wir hier erleben, muß zurück in die Gesellschaft kommen – für mich wenigstens.

Ich spüre auch eine neue Liebesfähigkeit, eine unverbrauchte irgendwie, aber die muß zurück zu mehr Menschen, ich habe bloß Angst, daß ich dann wieder in den alteingefahrenen Bahnen mich wieder bestätigen muß. Aber vielleicht muß ich das nicht mehr."

Der Weg der Identifikation mit dem Angreifer

Ein Weg, der immer recht aggressiv anmutet – und die Aggression ist nun einmal eine Möglichkeit, aus der Aggressionshemmung, die sich u. a. auch in der depressiven Position ausdrückt, auszusteigen –, ist die Identifikation mit den Männern. Da werden aus Frauen plötzlich die besseren Männer und die besseren Söhne. (Nicht ganz ohne Zutun der Väter, denn weibliche „Söhne" bleiben Frauen, können stimuliert werden und stimulieren, ohne daß der Vater-Sohn-Konflikt, die Vater-Sohn-Rivalität aufleben müßte.)

Solche Frauen – sagt man – identifizieren sich mit Männern, denken wie Männer, handeln wie Männer. Sie machen den Männern ihren Platz streitig. Sie sind gefährlich, weil sie meistens auch tüchtig sind. Sie demonstrieren oft gelassen eine Gleichwertigkeit, und sie beweisen, daß sie genauso viel taugen wie ein Mann im herrschenden System.

Diese Form der Selbstverwirklichung ist eine recht verpönte: Solchen Frauen wird von Frauen und Männern vorgeworfen, sie begingen einen Verrat an ihrem Geschlecht – und das könne nicht lange gutgehen, das dürfe nicht lange gutgehen. Unter ihnen meint man, die schrecklichen, männermordenden Emanzen anzutreffen. Sie müssen bekämpft werden. An ihnen wird deutlich, daß die Emanzipation unweigerlich Veränderungen mit sich bringen wird. Dabei verändert dieser Frauentyp wahrscheinlich sogar am wenigsten, weil er sich angepaßt hat im patriarchalen System. Aber auch das kann ein Übergangsstadium sein. Die Identifikation mit den Männern, wenn es eine ist, kann genau die Sicherheit geben, die es der Frau dann möglich macht, ihr eigenes in dieses System einzubringen.

Natürlich wird es Frauen geben, die auf diesem Stand der Identifikation stehen bleiben. Dennoch habe ich sehr vorsichtig formuliert: Mir scheint, daß die Angst vor Konkurrenz – die letztlich doch nicht soviel zu verlieren hat, wie ein Mann, und das macht mutig – diese Frauen doch negativer zeichnet als sie sind.

Die Aussage einer 52jährigen „Karrierefrau" dazu (in einem technischen Beruf):

„Ich wollte diesen Beruf und wollte Erfolg haben. Ich habe den Erfolg, werde gehört, auch von Männern. Ich bin zufrieden und habe das Gefühl, meinen Platz in dieser Welt auszufüllen. Ich fühle mich natürlich als Frau, ich mag auch meinen Frauenkörper gern. Ich möchte kein Mann sein. Ich muß kein Mann sein. Leid tut mir, daß ich keine eigene Familie und keine Kinder habe. Aber ich kann nicht alles haben."

Der Versuch, „alles" zu können

Eine Möglichkeit, dieses sich selber etwas schuldig geblieben zu sein, aufzuholen, erlebe ich oft bei Studentinnen, die in ihren späten 30er Jahren zu studieren beginnen mit einem unbändigen Wissensdurst. Sie wollen echt wissen, was die Welt im Innersten zusammenhält. Sie studieren aber nicht nur mit Leib und Seele, sie müssen auch noch die besseren Hausfrauen, die besseren Mütter, die besseren Gattinnen sein, – nur dann ist ihr Studium auch legitim. Sie lösen das Dilemma, indem sie alles machen wollen, alles auch noch gleichzeitig. Sie imponieren durch eine große Kraft und Entschlossenheit, beziehen ihr Identitätserleben auch oft daraus, daß sie einen Faden ihres Lebens, den sie „zu jung" weggelegt haben, wieder aufnehmen. Sie imponieren aber auch durch eine ungeheure Überforderung und dokumentieren damit, daß eine Frau nur dann das Recht hat, das zu tun, was sie zuinnerst als zu sich gehörig erlebt, besonders wenn es noch einen sehr männlichen Anstrich hat wie ein Studium, wenn sie auch noch die bessere Frau ist. Hoffen sie so, der Gefahr, nicht mehr geliebt zu werden, wenn sie das tun, was sie möchten, zu entgehen?

Sie entgehen der depressiven Position dadurch, daß sie aktiv das gestalten, was ihr Selbst-Sein ausmacht, sie geraten aber in eine depressionsähnliche Situation dadurch, daß sie sich mit soviel Verpflichtungen eindecken, daß die Welt wiederum nur Forderungscharakter hat und sie kaum mehr in der Lage sind, sich selbst zu erleben als einen Menschen, der über das Geforderte hinaus freiwillig auch etwas geben kann. Insofern bleibt das Unbefriedigende der depressiven Position erhalten. Selbstverständlich ist das auch ein Weg, der vom Partner und den Kindern am wenigsten Veränderung verlangt. Aber ist der Preis dafür nicht zu hoch? Und wer soll mit diesem Verhalten wovor geschützt werden?

Haben wir hier vielleicht schon eine spezielle Form der Identifikation mit dem Archetypus der Großen Mutter vor uns?[9] Ein Gefühl, das mit dem Archetypus der Großen Mutter verbunden ist, ist das Gefühl der unerschöpfbaren Fülle. Zwischen einer großen Erschöpfung und diesem Gefühl der unerschöpfbaren Fülle scheinen Frauen heute überhaupt hin- und herzupendeln und beides scheint nicht ganz menschenfrauengerecht zu sein.

Der Weg der Identifikation mit der Großen Mutter

Beispiel (das wiederum für viele stehen könnte):

Eine Frau schlägt die sogenannt männliche Karriere ein. Sie wird Juristin, ist erfolgreich. Sie lebt mit einem Mann zusammen, den sie liebt, sie heiratet nicht, mit der Begründung, wenn sie verheiratet wären, könnte er Forderungen stellen und sie würde in die alte Frauenrolle zurückfallen. Sie betrachtet ihre Beziehung als Versuch, anständig partnerschaftlich miteinander umzugehen. Der Erfolg im Beruf bringt es mit sich, daß sie sehr viele Verpflichtungen hat, denen sie sich nicht zu entziehen können meint und denen sie sich auch nicht entzieht. Sie hat immer weniger Zeit für sich, fühlt sich teilweise auch schlecht in den juristischen Debatten. „Entfremdete" Arbeit mache sie, behauptete sie. Sie hatte genug davon und sagte sich: Jetzt werde ich bald 40, das was ich bisher gelebt habe, das, kann doch nicht alles gewesen sein ...

Ihr Lebensgefährte ist in einer ähnlichen Lebenssituation, scheint aber mehr Spaß zu haben an seinen vielen Verpflichtungen. Den beiden fällt ein, sie könnten jetzt ein Kind haben miteinander, bevor es zu spät ist. Die Frau wird schwanger; sie hat ein ganz neues Selbstgefühl: „Ich war noch nie so bei mir, ich habe noch nie meinen Körper so gespürt. Ich fühle, wie ich jetzt in die Generationskette eintrete. Mein Mann findet die Schwangerschaft auch unheimlich wichtig. Er sagt: ‚Wir sind schwanger'. Das stört mich auch, ich habe das Gefühl, dieses Kind sei nur ganz aus mir gewachsen, ich fühle mich manchmal wie eine russische Puppe. Ich im Bauch meiner Mutter, in meinem Bauch meine Tochter, die auch schon wieder eine kleine Tochter in ihrem Bauch hat ...“

Diese Phantasie ist natürlich eine Urmutter-Phantasie. Die Frau kommt sich vor wie die Große Mutter, bezieht daraus ein gutes Identitätsgefühl, hat ein Gefühl der Fülle und der Stärke, die sie alle menschlichen, allzumenschlichen Probleme vergessen läßt. Drei Jahre später sagt sie: „Es war ein wunderbares Gefühl, ein wunderbares Selbsterleben, aber heute muß ich sagen, ich habe nur an mich gedacht und nicht an das Kind ... Jetzt spüre ich zwar schon ab und zu noch die Mutterfreuden, aber auch die Mutterleiden.“

Auch das ein typisches Beispiel: Nachdem Muttersein eine Zeitlang verpönt war, haben wir die „neue Mütterlichkeit“. Zeichen dieser neuen Mütterlichkeit ist es, daß Frauen nicht einfach nur Kinder gebären, was sicher eine ihrer wichtigsten natürlichen Möglichkeiten ist, sondern daß sie sich wirklich wie die Erdmutter persönlich dabei vorkommen. Schwanger sein, Gebären und Stillen, das ist die vielgesuchte Weiblichkeit.

Aber nicht nur im Bereich des Gebärens, des Kinder-Habens überhaupt hat die Große Mutter, die Erdgöttin, neue Bedeutung bekommen. Auf der Suche nach einer weiblichen Identifikationsfigur im Bereich des Göttlichen haben die vorpatriarchalen Muttergöttinnen eine neue Bedeutung erlangt. Frauen können sich als Tochter der Demeter verstehen, der vorolympischen Hera, die noch nicht eifersüchtige Gattin, sondern Liebesgöttin, Muttergöttin, Todesgöttin in einem war. Die Frauen greifen auf diese Göttinnen zurück, auf die Mythen, die mit ihnen verbunden sind, um sich selbst zu verstehen als Menschen, die das Anliegen dieser vergessenen Göttinnen in unserer Zeit repräsentieren, also auch ein wenig „göttlich" sind. Damit ist eine Aufwertung des Weiblichen und eine unmittelbare Sinnerfahrung für diese Frauen verbunden.

Auch das ist eine Möglichkeit, aus der depressiven Position sich herauszubewegen: In der emotionellen Verbundenheit mit dem, was am Weiblichen schon je als göttlich erfahren wurde, mit einem wesentlichen Aspekt des archetypisch Weiblichen werden auch sie in ihrer Weiblichkeit aufgewertet und bekommen zugleich auch den Auftrag, dieses Weibliche wieder in seiner ganzen Fülle ins Leben zu inkarnieren. Es geht um das Mütterliche in einem umfassenden Sinne: Was immer auch bedeutet, das Wohl des Kindes und damit das Wohl der nächsten Generation im Blick zu haben: es geht aber auch um die Inkarnation der Liebesgöttin, es geht um die Fülle des Eros und der sexuellen Verbundenheit, es geht aber auch um weibliche Weisheit, um Altern- und Sterben-Können.

Gerade das scheinen mir ganz wesentliche Aspekte dieser Identifikation zu sein. Diese Göttinnen waren ja meistens auch Seherinnen, sie trauten ihren Ahnungen, sie sahen Zusammenhänge. Frauen in ihrer Nachfolge könnten ihren Ahnungen, ihrem Wissen, das oft Wissen aus der Emotion heraus ist, auch wieder besser trauen. Auch der neue Zugang zum Altern scheint mir ganz wichtig zu sein: In der alten Rollenidentität schwang doch immer auch mit, daß die Frau solange wie möglich schön und jung zu sein hatte. Damit wurde das Altern vorwiegend als Prozeß der Entwertung wahrgenommen. Daß das Alter ein in sich wertvoller Lebensabschnitt sein kann, mit einer neuen Altersidentität, muß wohl erst wieder gelernt werden. Daß die Mutter und Liebesgöttin aber auch identisch mit der Todesgöttin ist, finde ich besonders wichtig. Damit ist nicht nur ausgedrückt, daß wir alle sterblich sind, sondern auch, daß Tod und Wiedergeburt Rhythmen des Lebens sind, daß wir eben letztlich nichts festhalten können, sondern uns in diese Rhythmen der Verwandlung hineingeben müssen. Das gilt für das Erleben von Identität wie für das Erleben von Beziehungen. Diese Erfahrungen, die ich angesprochen habe, können Aspekte der Selbsterfahrung der Frau sein, sie können aber ebenso Aspekte der neuen Selbsterfahrung aller Menschen werden.

Durch die Identifikation mit der Muttergöttin, der Liebesgöttin und der Todesgöttin ist ein tiefes weibliches Identitätserlebnis verbunden. Wenn die Frauen nun aber mit diesen Göttinnen in der Identifikation verharren, sich als personifizierte Erdmütter verstehen oder als Liebesgöttinnen, dann entziehen sie sich unserer Welt mit ihren Aufgaben, dann bleibt ein wesentlicher Aspekt des Identitätserlebens, nämlich das Gefühl, das, was innen erfahrbar ist, auch in die äußere Realität umsetzen zu können, unzugänglich. Gelingt es den Frauen, aus diesem Sich-getragen-Wissen von einem größeren Weiblichen her sich unserer Welt zu stellen, dann ist eine gute Chance da, daß sie ihr Wesen einbringen können, daß eine Verbindung von weiblich und männlich mit der Zeit erreichbar ist, die ganzheitlicher ist als das einfache Kollusionsverhältnis, wie wir es heute zum Teil noch haben. Verharren aber die Frauen in der Identifikation, dann träumen sie allenfalls von einem Matriarchat, das unsere Probleme bestimmt auch nicht lösen wird.

Wenn wir uns an Menschheitsbildern orientieren, um unsere Schwierigkeiten zu überwachsen, was ich für sehr legitim halte, dann ist vielleicht doch noch daran zu erinnern, daß der Frühling, die neue Fruchtbarkeit, das neue Wachsen und Grünen dann einsetzt, wenn ein Gott und eine Göttin in der heiligen Hochzeit sich einander verbinden, – wenn Frauen und Männer wieder liebend miteinander umgehen können, in der Liebe auch etwas Transzendentes und Transzendierendes erleben, wenn wir intrapsychisch Weibliches und Männliches miteinander verbinden können[10].

Ich habe versucht, einige kollektive Wege aufzuzeigen, auf denen Frauen versuchen, aus der depressiven Position herauszukommen, in die sie eine nur einseitige Rollenidentität fixiert hat. Verschiedene Wege können beschritten werden, und auch Wege, die bei ungenauem Hinsehen eher wie Irrwege aussehen, sind durchaus Wege, auf denen Frauen zu sich selbst kommen können und die uns auch kollektiv weibliche Aspekte in unsere patriarchale Welt hereinbringen, die wesentlich sind. Es ist keine schlagartige Veränderung weder zu fordern noch zu befürchten, aber neue Wege werden beschritten.

Wechseljahre – Wandeljahre

Das Klimakterium ist keine Krankheit, kein Defekt, aber auch kein rauschender Aufbruch. Es ist ein Lebensübergang, durch Verunsicherung, Verlust, aber auch durch viele Veränderungs- und Wandlungsmöglichkeiten gekennzeichnet. In den Wechseljahren „wechselt" vieles, in der „Abänderung" – ein alter Schweizer Ausdruck für die Wechseljahre, ändert sich etwas. Es ist allerdings ein Lebensübergang, der, spricht man überhaupt von ihm, oft noch immer entwertet, etwa als „Krankheit" bezeichnet oder im Gegenzug ungeheuer idealisiert wird: Da werden etwa in Texten die Tröpfchen der Wallungen enthusiastisch begrüßt.

Im Moment hat schon eher die Idealisierung Hochkonjunktur – sie ist zu verstehen als eine Gegenreaktion gegen das Totschweigen des Klimakteriums, gegen die Tendenz, das Klimakterium als Defekt zu sehen oder als Lebensübergang, der die Frau all dessen beraubt, das sie eigentlich ausgemacht hat.

Wünschenswert wäre eine Beschäftigung mit diesem Lebensübergang jenseits von Idealisierung und Entwertung, die ja beide Ausdruck einer Irritation sind, Ausdruck eines noch nicht wirklichen Akzeptierenkönnens. Wünschenswert wäre eine Beschreibung dieses Übergangs – so wie er von verschiedenen Frauen auch unterschiedlich erlebt wird – und ein Ausblick auf ein neues Frausein nach dem Klimakterium, jenseits aller Leidensideologie. Denn immerhin dauert das Leben der Frau nach dem Klimakterium im Durchschnitt noch etwa 30 Jahre.

Ein Lebensübergang im mittleren Erwachsenenalter

Jeder Lebensübergang ist eingegliedert in das gelebte Leben; der Lebensübergang, den wir Klimakterium nennen, erfolgt aus dem sogenannten mittleren Lebensalter heraus und ist unter anderem auch der erste Prüfstein darauf, ob das Thema der Lebensmitte oder der Lebenswende um die 40 herum auch ein erstes Mal wirklich ins Bewußtsein gedrungen ist.

Das mittlere Lebensalter umfaßt ungefähr die Zeitspanne zwischen dem 40. und dem 55. Lebensjahr[1]. Gelegentlich wird es auch definiert als die Zeit, in der in Familien die Kinder aufhören, im Mittelpunkt der Verantwortung zu stehen[2]. Auch wenn die Altersangaben zur Bestimmung der mittleren Lebensjahre etwas variieren, ordnen fast alle Autorinnen und Autoren diesem Lebensalter den „Höhepunkt" des Lebens zu; zumindest eine Hochebene des Lebens ist erreicht, man ist im „besten Alter"[3], eingeleitet wird diese Phase durch die sogenannte Lebenswende, durch das Erreichen der „Lebensmitte", allenfalls mit der Midlife Crisis. Lebenswende meint, daß man zwar durchaus auf der Höhe des Lebens ist, daß sich aber der Blick auch wendet; nicht mehr immer weiter Aufstieg, sondern auf die Länge gesehen Bewegung zum Tode hin, nicht nur Blick nach außen, sondern auch Blick nach innen, usw.

Daß „die Höhe des Lebens" erreicht ist, drückt sich in einer gewissen Selbstverständlichkeit des Lebens und des Erlebens aus; konkrete Ergebnisse des Lebens-Weges, der eingeschlagen worden ist, werden sichtbar, eine gewisse Kompetenz im Umgang mit Aufgaben, mit sich selbst und mit den Mitmenschen ist erreicht, Werte haben sich verfestigt, eine Weltanschauung in etwa gebildet – sicher, alles auch noch auf Korrigierbarkeit hin angelegt, aber sichtbar, faßbar, formulierbar. Auch die sozialen Kontakte sind gefestigt, Beziehungs- und Liebesfähigkeit sind weitgehend entwickelt und können mehr oder weniger umfassend gelebt werden.

Aber: ist man im besten Alter, dann folgt kein besseres mehr nach, es sei denn, es gelingt, neue Werte zu setzen. Diese Neubesinnung auf Werte, die für den Fortgang und den Rest des Lebens eine sinnerfüllte, befriedigende Perspektive ermöglichen, ist Thema der Lebenswende, und dieses Thema muß im mittleren Lebensalter variiert und erprobt werden. Jeder Lebensübergang hat allgemeine und spezifische Charakteristika.

Allgemeine Charakteristika von Übergangsphasen

Übergangsphasen haben ihre Eigengesetzlichkeit: Was kurz zuvor noch gültig und verläßlich erschien, muß plötzlich hinterfragt werden. Unzufriedenheit breitet sich aus, zunächst schleichend, Unruhe wird mehr und mehr bemerkbar im Leben. Vage zunächst noch stehen neue Zielvorstellungen vor uns, die sich eher in der Kritik an Bestehendem denn in neuen Ideen und Plänen äußern.

Zu den Übergangsphasen gehört aber ebenso, daß wir das Vertraute, das wir zwar mißtrauisch hinterfragen und nörglerisch bekritteln, dennoch nicht loslassen wollen. Es soll zwar alles andes werden, aber das Gewohnte möchten wir doch festhalten. Je mehr wir aber festhalten, um so mehr müssen wir dieses so fest Gehaltene hinterfragen. Dieses zugleich Abstoßen- und Behaltenwollen verursacht eine unangenehme psychische Spannung, die wir gelegentlich als Krise erleben können. In eine Krise geraten wir unter anderem dann, wenn etwas Neues in unser Leben will, und wir diesem Neuen keinen Raum geben wollen oder können[4]. Diese angesprochene Spannung löst sich dann, wenn es uns bewußt wird und wir es auch akzeptieren können, daß wir von einer Phase unseres Lebens Abschied nehmen müssen. In unserer Erinnerung wird dann der betreffende Lebensabschnitt noch einmal besonders belebt. Gerade dadurch, daß viele Erinnerungen bildhaft und emotional lebendig in die Erinnerung treten und uns deutlich machen, daß das gelebtes Lebens ist, das uns selbst ausmacht, das uns auch niemand mehr nehmen kann, das immer wieder in der Erinnerung zu beleben ist, können wir auch loslassen – und dann treten neue Perspektiven in unser Leben.

Wollen wir nicht loslassen, wollen wir unbedingt den alten Zustand aufrecht erhalten, dann überfordern wir uns, entfremden uns immer mehr von uns selbst, oder aber wir werden eines Tages resignieren, weil wir uns ja nicht gegen den Fortgang der Zeit stellen können. Versuchen wir, diese Illusion aufrecht zu erhalten, verlieren wir weitgehend die Möglichkeit, unser aktuelles Leben aktiv zu gestalten. Auch die Resignation kann Auslöser für bewußtes Abschiednehmen werden.

Übergangsphasen sind Phasen der Labilität, mit Angst, Spannung und Selbstzweifeln verbunden; Konflikte, die habituell zu unserem Leben gehören, Schwierigkeiten, die wir schon immer hatten, werden reaktiviert. Labilität und erhöhte Konfliktanfälligkeit verstärken sich gegenseitig. So macht uns nicht nur der jeweilige Lebensübergang mit den typischen Anforderungen zu schaffen, zusätzlich können alte Konflikte, alte Lebensthemen neu aufflackern, dadurch aber auch bearbeitet werden.

Theoretisch kann man sich vorstellen, daß die Identität dadurch, daß neue Themen ins Leben kommen – ich gehe mit vielen anderen davon aus, daß wir Menschen in einer Entwicklung bis zum Tod stehen –, in eine Phase der Diffundierung gerät, der Ichkomplex ist weniger kohärent als üblich, die einzelnen Lebensthemen sind weniger gut vernetzt[5]. Dadurch genügt die habituelle Abwehr nicht mehr; Emotionen sind in der Folge deutlicher zu spüren, vor allem nehmen wir die Angst wahr, weil wir in einer Situation sind, die viel Unsicherheit, Verwirrung, Orientierungslosigkeit mit sich bringt. Durch die weniger werdende Kohärenz des Ichkomplexes können verdrängte oder ruhende Konflikte wieder neu erlebt werden. Aber auch neue Entwicklungsthemen können bewußt werden. Zur schlechter werdenden Kohärenz des Ichkomplexes gehört, daß die Ichfunktionen weniger verläßlich sein können, als sie es üblicherweise sind (z.B. vermehrte Konzentrationsschwächen etc.).

Die Übergangsphase im mittleren Erwachsenenalter (Spezielle Charakteristika)

Diese Übergangsphase nimmt an der Eigengesetzlichkeit jeder Übergangsphase teil. Damit hängt zusammen, daß etwa die 45jährigen, die eigentlich in den besten Jahren sein sollten, oft recht unzufrieden wirken. Alles wird hinterfragt: der gewählte und eingeschlagene Lebensweg, die Überzeugungen, die Familie, die man hat, oder die Tatsache, daß man keine hat, die Wahl des Partners oder der Partnerin, die man einmal getroffen hat, wird hinterfragt, die Gesellschaft, die Kolleginnen und Kollegen usw.

Diese Unzufriedenheit ist Zeichen dafür, daß das, was uns gerade noch als gut erschienen ist in unserem Leben, womit wir einverstanden waren und es als Ausdruck des besten Alters gerade noch genossen haben, hinterfragt werden muß: Neue Entwicklungsthemen werden uns gestellt, neue Lebensaufgaben kommen an uns heran.

Die ganz besondere Dringlichkeit

Die Übergangsphase im mittleren Lebensalter bekommt dadurch, daß sie ein erster deutlicher Übergang zum Alter und dann zum Tod hin ist, zusätzlich eine ganz besondere Färbung und eine ganz besondere Dringlichkeit. In der Zeit der Lebenswende ist es nicht mehr möglich, die Tatsache der Endlichkeit des Lebens, der begrenzten Lebenszeit, des Sterbenmüssens und damit des Hinlebens auf den Tod zu leugnen. Zwar altern wir ständig, in dieser Phase kommt es uns aber ganz besonders zum Bewußtsein. Leben angesichts des Todes wird aber auch kostbar, es stellen sich die Fragen, was wichtig bleibt für den Rest des Lebens, was überhaupt wichtig ist im Leben, angesichts des Sterbenmüssens. Diese Fragen brechen meistens um den 50. Geburtstag herum auf oder werden da ganz besonders verdrängt. Es geht dabei meistens erst am Rande um den letzten Tod, es geht aber darum, ein Gefühl für die Endlichkeit zu entwickeln und diese bewußter als zuvor zu akzeptieren. Dies äußert sich auch etwa darin, daß in dieser Lebensphase eine Abkehr von den narzißtischen Idealen zu sehen ist, ein Versuch der Akzeptanz von sich selbst, wie man in etwa ist[6]. Die hochfliegenden Pläne der jungen Jahre hat man in etwa verwirklicht, oder man kann sie jetzt revidieren. Man darf gewöhnlich werden. Eine Veränderung im Selbstkonzept ist angesagt und möglich. Man muß sich mit der Konkurrenz oder der Bereicherung durch die junge Generation auseinandersetzen usw. Alle diese Aspekte bewirken, daß diese Übergangsphase wesentlich weniger enthusiastisch beschrieben wird als z. B. die Adoleszenz, mit der sie im übrigen große Ähnlichkeit hat. Der Unterschied ist indessen dennoch groß: Liegt bei der Adoleszentenkrise das Leben vor uns, so ist im mittleren Erwachsenenalter schon recht viel davon hinter uns, und der Teil des Lebens, der vor uns liegt, scheint mehrheitlich, zumindest in der besorgten Antizipation, durch Mühsal und Beschwerden gekennzeichnet. Diese besorgte Sicht resultiert daraus, daß hier schon das höhere Alter anvisiert ist, das allerdings noch recht weit entfernt ist, und das dann wirklich Einschränkungen und Beschwerden mit sich bringt. Diese pessimistische und die Realität auch etwas verzerrende Sicht kommt aber auch daher, daß man die Idealisierung der Jugend (nicht aber der Jugendlichen) und die Entwertung des Stadiums des Alters (und der Alten, ganz besonders aber der alternden Frauen), die in unserer Gesellschaft kollektiv auszumachen ist, übernimmt, sich mit der Entwertung des Alters einverstanden erklärt. Das müßte so nicht sein. (Es ist eine Identifikation mit dem Angreifer!) Diese Sichtweise bringt es wohl auch mit sich, daß der Übergang im mittleren Lebensalter möglichst lange verdrängt wird, daß immer wieder große Anstrengungen unternommen werden, als möglichst jung zu erscheinen, jünger zu sein, als man ist. Dabei geht es gar nicht um jung oder alt, es geht darum, diesen Übergang von jung zu alt – wenn wir diese Ausdrücke brauchen wollen, zu nutzen. Die Übergangzeit des mittleren Erwachsenenalters ist eine natürliche Entwicklungszeit im Leben eines Menschen, mit Entwicklungsaufgabe und der Chance, sich noch einmal neu auf sich selbst zu besinnen, durchaus angesichts von weniger Möglichkeiten als zuvor, Identitätsunsicherheiten durch die üblichen gesellschaftlichen Regulationsmechanismen (Leistung, Schönheit, Verführung) zu verdecken. Es wäre eine Zeit der größeren Wahrheit, eine Zeit, in der man mehr zum eigenen „wahren" Selbst finden müßte und könnte. Diese Übergangzeit hat für Frauen eine ganz besondere Dringlichkeit und eine ganz besondere Bedeutung.

Das Klimakterium

Am Klimakterium wird besonders deutlich, daß der Mensch eine bio-psycho-soziale Einheit ist, daß die Veränderungen, die in diesem Lebensübergang zu erleben sind, auf verschiedenen Ebenen sich gleichzeitig oder fast gleichzeitig abspielen können: Im Körper, in der Seele, in der Mitwelt. In der Zeit, in der das Klimakterium angesiedelt wird, können sich verschiedene Lebensübergänge im Leben einer Frau überlappen. Da haben wir einmal die Veränderungen im Körper: Die Frau kann sich auf ihren Körper plötzlich nicht mehr einfach verlassen. Psychisch werden Themen von Stimmungsschwankungen, unbekannten Ängsten, Auseinandersetzung mit Altern usw. erlebt. Wenn sie Kinder hatte, ist es denkbar, daß diese sich gerade abgelöst haben oder dabei sind sich abzulösen – die eigene Partnerschaft wird erneut wichtiger und müßte auch neu definiert werden. Frauen ohne Partner überlegen sich hier neu wieder einmal, ob sie die ihnen gemäßen Beziehungsformen gefunden haben. Gleichzeitig mit der Ablösung der Kinder findet auch noch einmal eine Ablösung von den eigenen Eltern statt. Die Beziehung zu den alternden Eltern verändert sich grundsätzlich – für alle, da diese mehr Zuwendung brauchen. Wenn man berufstätig ist, erfährt man, daß eine nachfolgende Generation nachdrängt: Das berufliche Selbstverständnis muß neu definiert werden. Frauen, die bisher den Beruf der Hausfrau ausgeübt haben, möchten in einen Beruf einsteigen, was in diesem Alter schwierig ist und viel Mut erfordert. Oft wird die Frau in diesem Alter auch erstmals Großmutter, eine neue Rolle, die ausgefüllt werden will.

Wandlungen im Körper

Haben wir den Körper und die körperlichen Veränderungen im Blickpunkt in dieser Lebensphase, dann sprechen wir vom Klimakterium.

Die physiologischen und/oder psychologischen Veränderungen im mittleren Lebensalter, die mit dem Nachlassen der ovariellen Funktion zusammenhängen, werden als klimakterische Veränderungen bezeichnet, der Übergang von der biologisch fruchtbaren zur biologisch unfruchtbaren Phase im Leben einer Frau als Klimakterium. Körperlich gesehen nimmt die Östrogen- und Progesteronkonzentration im Blut ab, die Ovulationen hören auf, die Frauen werden biologisch unfruchtbar, die Regelblutungen bleiben aus. Das Klimakterium, in eine prä- und eine postmenopausale Phase eingeteilt, dauert verschieden lang und wird von den Frauen sehr unterschiedlich erlebt.

Die Schwierigkeit dieser Phase besteht unter anderem gerade darin, daß sie sehr lange dauern kann. Generell spricht man von der Altersspanne zwischen 45 und 55. Wir Menschen können für uns schwierige Situationen wesentlich besser aushalten, wenn wir wissen, wie lange sie etwa andauern werden. Das kann beim Klimakterium aber nicht gesagt werden.

Das veränderte Hormonniveau kann zu Veränderungen der Vaginalschleimhaut, der Vulva und der Blasenschleimhaut führen, außerdem zu Osteoporose (Schwund des festen Knochengewebes).

Als typische körperliche Beschwerden gelten Hitzewallungen, Schweißausbrüche, Schwindelzustände, Atemnot, Herzklopfen, Blutdruckanstieg, Kopfschmerzen, Schlafstörungen. Betrachtet man diese Symptome mit dem Blick der Psychologin, dann fällt auf, daß alle diese Symptome auch Angstsymptome sind. Nicht wenige Frauen sagen denn auch, daß das nächtliche Aufwachen mit einer Hitzewallung eher ein Aufschrecken ist, gelegentlich verbunden mit Angstträumen.

Grundsätzlich nimmt man an, daß etwa ein Drittel der Frauen erheblich unter den klimakterischen Veränderungen leidet, ein Drittel sich gelegentlich beeinträchtigt fühlt, ein Drittel keine wesentlichen Beeinträchtigungen spürt.

Wandlungen in der Psyche

Als psychische Begleiterscheinungen des Klimakteriums können eine allgemeine Nervosität, eine allgemeine Spannung mit nervöser Reizbarkeit festgestellt werden, eine höhere Verstimmbarkeit, Antriebshemmungen, Angstzustände, Versagensangst, depressive Verstimmungen, Traurigkeit, von der man nicht weiß, woher sie kommt, dazu kommen Zerfahrenheit, Konzentrationsmangel, Wortfindungsstörungen usw. Diese psychische Labilität kann aber auch ganz anders beschrieben werden: Da sagen Frauen von sich, sie seien noch einmal so beeindruckbar und irritierbar wie in der Adoleszenz, diese erhöhte Sensibilität sei aber verbunden mit sehr viel mehr Lebenserfahrung. Wieder andere betonen, daß sie wieder viel offener zu ihren Gefühlen hin seien, sie hätten eine gewisse „Abgebrühtheit" verloren, sie seien viel erlebnisfähiger, liebesfähiger und dankbarer als vor dem Klimakterium.

„Ich kenne mich nicht mehr ... "

Die Beunruhigung über die klimakterischen Veränderungen – und da werden körperliches und psychisches Erleben nicht getrennt voneinander, werden von den Frauen oft in dem Satz ausgedrückt: „Ich kenne mich nicht mehr, ich kann mich nicht mehr auf mich verlassen, so wie ich es früher konnte." In diesem Satz kommt eine grundsätzliche Verunsicherung zum Ausdruck. Das erstaunt nicht: Ein wesentlicher Aspekt unseres Erlebens von Identität hängt mit dem Erleben unseres Körpers zusammen. Selbst dann, wenn keine schwerwiegenden somatischen Beschwerden während des Klimakteriums auftreten, wird die Veränderung im Körper deutlich erlebt. Die Zuverlässigkeit unseres Körpers, das Wissen darum, was wir mit diesem Körper in etwa zu erleben pflegen, ist die Basis unserer Identität. Nun „spielt dieser Körper plötzlich verrückt": Besonders Frauen, die sich auf ihren Körper sehr verlassen konnten, fühlen sich dadurch verunsichert. Da fallen dann Sätze wie: „Was fällt ihm denn jetzt wieder ein?" Gemeint ist der Körper – und die Ausdrucksweise zeigt, daß eine Distanzierung stattfindet. Der Körper wird plötzlich erlebt wie ein Gegenüber, dessen Reaktionen schlecht vorhersagbar sind – und doch bleiben wir ja auch in diesem Körper. Irgendwie fühlen sich die Frauen diesem geheimnisvollen klimakterischen Geschehen ausgeliefert – und der Glaube an ein verständliches, sinnvolles, in einem gewissen Rahmen auch beeinflußbares Körpergeschehen schwindet. Das heißt aber, daß die Kohärenz des Ichkomplexes weniger wird, das Vertrauen in das Leben allgemein mehr erschütterbar als sonst. Das drückt sich auch etwa in dem Satz einer an Osteoporose leidenden Frau aus: „Ich habe den Eindruck, meine Knochen tragen mich nicht mehr." Das bedeutet aber, daß das Vertrauen in das grundsätzlich Tragende im Leben nicht mehr einfach vorhanden ist.

Dann geht es darum, sich mit dem Verlust der Blutungen auseinanderzusetzen. Spätestens jetzt stellt sich die Frage, wie sich die Frau denn zu den Blutungen gestellt hat: Wertet sie ihr Ausbleiben als Verlust, als Zeichen, daß sich ihr Körper nicht mehr gleichermaßen regeneriert wie früher, oder aber als Erleichterung? Die Gefühle des Verlustes und der Erleichterung können gleichzeitig erlebt werden.

Manche Frauen und Männer verbinden das Klimakterium auch mit Phantasien vom Nachlassen des sexuellen Interesses. Nun kann die Veränderung der Vaginalschleimhaut den sexuellen Verkehr schmerzhafter machen, dagegen gibt es aber Abhilfe. An sich ist es aber so, daß der Androgenspiegel bei der Frau ab Klimakterium ansteigt, was eher ein erhöhtes sexuelles Interesse bewirkt[7]. Man hört zwar immer wieder, daß Frauen – die vermutlich nicht die ihnen zusagende Form von Sexualität gefunden haben – aufatmend sagen, „das sein nun glücklicherweise vorbei". Es gibt aber nicht wenige Frauen, die gerade in diesem Alter Sexualität und Zärtlichkeit ausgesprochen genießen können, allerdings eine Form der Sexualität, die ihnen wirklich Lust bereitet. Daß sie „Pflichtsexualität" in diesem Alter ablehnen, hat weniger mit den klimakterischen Veränderungen zu tun als mit der Entwicklung zu einer Persönlichkeit, die weiß, was ihr gut tut, und die Verantwortung für ihr Handeln übernimmt.

Aber auch wenn das Klimakterium durchaus in seinen positiven Möglichkeiten auch gesehen wird: das Bewußtsein von Verlust, von Abschied ist nicht zu leugnen. Die Zeit der biologischen Fruchtbarkeit ist vorbei. Auch wenn meistens der Entschluß, keine Kinder mehr haben zu wollen, schon wesentlich länger gefaßt worden ist – jetzt könnte die Frau auch keine Kinder mehr haben, selbst wenn sie wollte. Die Identität von sich als Frau, die fortpflanzungsfähig ist, kann nicht mehr aufrecht erhalten werden. Und die neue Identität, die Identität als „alternde" Frau, ist für viele nicht attraktiv. Das hängt nicht nur mit dem persönlichen Erleben zusammen, sondern sehr auch mit der Wertung durch das, was wir Gesellschaft nennen. Eine gewisse Ratlosigkeit dem Phänomen gegenüber zeigt sich darin, daß wir keine eigenständige Bezeichnung haben für die Frau nach der Menopause. Zunächst sind Frauen Mädchen, beim Eintreten der Menstruation werden Mädchen zu Frauen, sexuell und erotisch besetzt und begehrt, fähig zur Mutterschaft. Nach der Menopause gibt es keinen speziellen Ausdruck mehr für die Frau – denn Greisinnen sind Frauen nach der Menopause ja nun wahrlich nicht. Eine weitere Ratlosigkeit, ja eine deutliche Abwehrhaltung, zeigt sich darin, daß es sich nicht schickt, über das Klimakterium zu sprechen. Man darf nicht wissen, daß eine Frau „im Klimakterium" ist. Wäre dieser Übergang mit positiven Phantasien bedacht, in seiner Wichtigkeit auch erkannt, warum sollte man darüber schweigen? Warum soll man das Klimakterium gemeinsam verdrängen? Oder es nur erwähnen als Ursache von vielen körperlichen, psychischen, beziehungsmäßigen Problemen in diesem Alter? Diese Ratlosigkeit, diese Tendenz zur Verdrängung macht deutlich: wenn ein Frauenleben so ganz und gar auf das Erfüllen der biologischen Rolle hin ausgerichtet ist, seinen Wert und die Daseinsberechtigung vor allem daraus bezieht, sexuell und erotisch begehrenswert zu sein, sich eine Frau heimlich oder offen mit der Wertschätzung der jungen, sexuell und erotisch attraktiven Frau identifiziert, dann ist spätestens mit dem Klimakterium eine große Selbstwertkrise verbunden, denn dann ist sie nicht mehr erwähnenswert, zum Schweigen verurteilt. Wie das Klimakterium erlebt wird, hängt also auch sehr davon ab, ob wir Frauen uns auf attraktive Biologie redu- zieren lassen, oder ob wir darauf bestehen, vollwertige Persön- lichkeiten zu sein. Wie weit uns das gelingt, hängt nicht nur von persönlichen Faktoren ab, sondern auch davon, welche Vorbilder wir haben, wie unsere Mütter und andere weibliche Bezugspersonen mit dem Klimakterium umgegangen sind, ob wir Frauen untereinander uns über das Klimakterium austau- schen können, und ob wir uns und anderen immer wieder be- wußt machen, welche geheimen Entwertungsstrategien den Frauen, besonders aber auch den älteren Frauen gegenüber im Gange sind, vor allem aber auch, ob es uns gelingt, nicht auch noch selbst mit in diese Entwertungsstrategien einzustim- men. Dazu brauchen wir nicht die Idealisierung des Klimakte- riums, sondern den klaren Blick für die Notwendigkeiten, das solidarische Gespräch, und den Zorn gegen die Entwertung, das Offenlegen von Entwertungen, von welchen Seiten sie auch immer kommen mögen.

Das Klimakterium: auch ein psycho-sozialer Lebensübergang

Nicht nur der Körper verändert sich – drastisch – in dieser Lebensphase, verschieden Übergänge überlappen sich. Es gibt Untersuchungen, die darauf hinweisen, daß Frauen, die ganz in der Rolle der Mutter aufgegangen sind, mehr Probleme haben in dieser Phase als Frauen, denen verschiedene Rollen zugäng- lich waren[8]. Diese Untersuchungen zeigen die Tendenz, Pro- bleme in diesem Alter nicht mehr einfach auf die hormonellen Veränderungen zurückzuführen, sondern auch die psychologi- schen und pychosozialen Situationen als Auslöser von Schwie- rigkeiten zu verstehen. Das heißt aber auch, daß Schwierigkeiten in dieser Phase aus verschiedenen Perspektiven angegangen werden können und müssen.

Die sogenannte „empty-nest" Depression

Die hormonellen Veränderungen in dieser Lebensphase der Frau fallen oft mit dem Auszug der Kinder zusammen. Frauen, die sich sehr auf die Mutterrolle konzentriert haben, viel Selbstwert aus dem Erfüllen dieser Rolle bezogen haben, verlieren einen für sie wesentlichen Lebensinhalt und reagieren darauf mit depressiven Verstimmungen. Diese haben nicht primär etwas mit den klimakterischen Veränderungen zu tun, wenn auch die beiden Prozesse einander beeinflussen. Diese depressiven Verstimmungen haben vor allem mit dem Erleben von Trennung, von Verlust zu tun, eine Erfahrung, die viele Frauen lange nicht wahrhaben wollen. Die Klagen sind dann immer etwa dieselben: Die Kinder, für die die Mütter „alles" getan haben, wenden sich definitiv neuen Beziehungspersonen zu, gehen weg, nützen die Infrastruktur möglicherweise noch, ohne sie zu schätzen, leben nicht so, wie die Eltern es sich vorstellen, bringen auch nicht gleich die Enkelinnen und Enkel an, die es ja ermöglichen würden, eine wunderschöne neue Rolle zu übernehmen. Beleuchtet man etwas mehr die Hintergründe, dann wird deutlich, daß die Anzeichen der Trennung natürlich schon längst sichtbar gewesen wären, hätte man sie nicht geflissentlich übersehen. Es wird auch deutlich, daß geradezu eine Abwehr gegen dieses weniger Gebrauchtwerden sich einstellt, indem diese Frauen sich vermeintlich immer noch unentbehrlicher machen, in dem sie viel zu viel für die Kinder tun. Sie realisieren nicht, daß sich hier für sie ein Freiraum auftut, sie erleben zunächst einen leeren Raum, der sie ängstigt.

Die Abwehr ist verständlich: die Ablösung von den Kindern ist ein schmerzhafter Prozeß, es ist die Wandlung einer sehr besonderen Liebesbeziehung. Wir sind es wenig gewohnt, diesen Verlust uns zuzugeben und zu betrauern, statt dessen machen wir uns gegenseitig Vorwürfe, entwerten Freundinnen und Freunde unserer Kinder usw. und erschweren eine spätere erneute Beziehungsaufnahme auf einer anderen Ebene. Die Ablösung von der Mutterrolle erfordert Trauerarbeit[9]. Voraussetzung dafür ist, daß man es sich eingesteht, daß diese Phase des Lebens vorbei ist, daß es auch im Sinne des Lebens ist, daß die Kinder sich ablösen. Diese Trauerarbeit ist leichter zu bewältigen, wenn der Partner, dessen Vaterrolle sich ja auch deutlich verändert, seine Gefühle auch mitteilen kann, wenn gemeinsam getrauert werden kann. Zu diesem Prozeß gehört, daß man sich noch einmal erinnert, was man mit jedem Kind erlebt hat, welche Seiten die Kinder in den verschiedenen Phasen ihres Lebens in uns belebt haben, geweckt haben, Seiten, die ja nicht verloren gehen, auch wenn die Kinder sich ablösen. Es ist auch die Zeit, sich einzugestehen, welche Schwierigkeiten man mit den einzelnen Kindern gehabt hat, welche Unverträglichkeiten bestanden oder bestehen. Die Idee, verpaßte Erziehungsmaßnahmen noch dringend nachzuholen, muß daraufhin befragt werden, ob sie nicht den Wunsch verbirgt, die Kinder doch noch einmal mehr zurückzubinden. Ein bewußter Trauerprozeß zur Ablösung von den Kindern bringt meistens noch einmal eigene Ablösethemen im Zusammenhang mit den eigenen Eltern ins Bewußtsein. Da wird plötzlich deutlich, daß eigene Ablöseschritte nicht stattgefunden haben. Frauen sagen dann in diesem Zusammenhang, sie hätten noch nie wirklich das eigene Leben gelebt. Höchste Zeit also, es zu tun. Auch machen die Adoleszenten durch ihren Lebensstil und ihre Lebensentwürfe den Eltern bewußt, was sie verpaßt haben. Töchter und Söhne leben allenfalls etwas, was man selber nicht zu leben gewagt hätte, was einem nicht einmal im Traum eingefallen wäre, und was dann natürlich zunächst bei der jungen Generation bekämpft werden muß, es ist zu beunruhigend.

In der Auseinandersetzung mit den jungen Menschen – und das gilt auch für Frauen ohne eigene Kinder – leben die eigenen jugendlichen Träume auch wieder auf und machen schmerzhaft bewußt, was davon realisiert worden ist und was nicht. Richtig verstanden sind in diesen Enttäuschungen und wiedererwachten Sehnsüchten Impulse, die wesentlich sind, um die nähere Zukunft zu gestalten. Gelingt es uns, aus den wiederbelebten, oft jetzt verurteilten jugendlichen Träumen das Lebensthema herauszudestillieren, das bedeutsam für unser Leben gewesen wäre, und dieses nun altersentsprechend zu realisieren, können gerade aus diesen Enttäuschungen Lebensimpulse für die Zukunft gewonnen werden. Sollten aber dies Träume in der Radikalität des Jugendlichen jetzt noch erfüllt werden, kann nur noch mehr Enttäuschung die Folge sein: Die Trauer über das Nichtgelebte im Leben wird dann abgewehrt, wenn man sich in die jugendliche Position begibt und sich vormacht, alles wäre noch zu realisieren. Es ist auch zu akzeptieren, daß das Erreichte in unserem Leben vielleicht nicht das Erhoffte war und einiges auch nicht mehr zu erreichen ist – und daß es dennoch das war, was wir tun konnten, daß es gut war. Das bedeutet aber auch, aufzuhören, übertriebene Forderungen an sich selbst zu stellen, es bedeutet, realistischer zu werden im Umgang mit sich selbst, sich zu erlauben, ein ganz gewöhnlicher Mensch zu sein. Auch der Neid auf die junge Generation kann sich hier bemerkbar machen und hilfreich sein beim Erschließen neuer Lebensräume. Neid ist ein deutliches Zeichen dafür, daß man sich dringend mit den eigenen Wünschen, Lebensgestaltungen oder mit der Überprüfung des Selbstkonzepts auseinandersetzen sollte. Jetzt ist noch Zeit, Aufgeschobenes, nicht zu realisieren Gewagtes zu realisieren. Dieser Neid auf die Jungen wird dann besonders heftig erlebt, wenn Frauen den Eindruck haben, Wesentliches in ihrem Leben verpaßt zu haben; und das sind gerade die, die sich bemüht haben, so selbst – los zu sein, weitgehend ohne eigenes Selbst. Die unterdessen auch eine Wut darauf haben, daß sie für die anderen so viel getan haben und für sich selbst nur so wenig Unterstützung bekommen haben. Aber auch die Frauen, die nicht primär die Mutterrolle gelebt haben, werden in ihrer Arbeit und in ihrem sozialen Leben mit den Frauen zusammentreffen, die das Leben noch vor sich haben, die noch voll Schwung, wenig angekränkelt von schlechten Erfahrungen schwierige Dinge anpacken und oft

auch Erfolg haben damit, die ihnen möglicherweise im Berufsleben den Rang ablaufen werden. Dieser Neid, wenn vorhanden, wirft die Frage auf, ob die Frau wirklich das aus ihrem
Leben gemacht hat, was sie machen konnte, und ob sie das,
was sie gemacht hat, auch in seinem Wert stehen lassen kann.
Wird aktive Trauerarbeit geleistet, können sich die Frauen
damit einverstanden erklären, daß Leben abschiedlich gelebt
werden muß, dann wird anstelle von Neid Dankbarkeit zu
erleben sein, Dankbarkeit, daß es neue Generationen gibt,
neue Menschen, die Ideen haben, Energie, die das Leben bereichern.

Es gilt, von Kindern, von Lebensentwürfen, von Selbstbildern usw. Abschied zu nehmen. Da der Tod zum Leben gehört,
muß Leben abschiedlich gelebt werden, wir müssen immer
wieder loslassen, trauern, damit wir uns wieder neu einlassen
können, sonst hängen wir in der Vergangenheit, hängen der
Vergangenheit nach. In der aktiven Trauerarbeit besinnen wir
uns neu wieder auf uns selbst. Die Ablösung als solche und die
damit verbundene Trauerarbeit ist dann schwierig, wenn wir
so wenig wissen, wer wir selbst eigentlich sind, wenn Frauen
so ganz und gar gelernt haben, die Wünsche der anderen Menschen zu erfüllen und selber keinen Wunsch haben, ihre eigenen Wünsche gar nicht kennen. Sie fühlen sich dann leer, beraubt, unzufrieden – ohne eine Idee, wie Leben befriedigend
und erfüllend weitergehen könnte. Hat der Partner auch keine,
breitet sich Ratlosigkeit aus, hat er aber eine Idee, dann ist sie
meistens nicht akzeptabel. Und das ist auch sinnvoll: Es ist
die Entwicklungsaufgabe, während des Lebensübergangs in der
mittleren Lebensphase herauszufinden, was wir selbst als
Individuen, unvertretbar durch andere, vom Leben noch wollen, was uns selbst wichtig ist. Es geht wieder einmal mehr
um die Suche nach dem eigenen Selbst.

Das eigene Selbst: Blick zurück in die Adoleszenz des Mädchens

Das Problem für die adoleszenten Frauen besteht darin, daß die Ablösung vom Vaterkomplex von der traditionellen Gesellschaft her eben gerade nicht gefordert wird. Die Frau erfüllt die soziale Rolle, wenn sie einen Freund oder einen Partner hat, ob sie dabei eine eigene Identität entwickelt, scheint sekundär zu sein. Das heißt überspitzt, daß vom Rollenverständnis aus unsere Gesellschaft einer adoleszenten Frau suggeriert, daß sie „normal" ist, eine richtige Frau, auch wenn sie keine eigene Identität hat, wenn sie letztlich darauf angewiesen ist, daß ein Mann ihr eine Identität verschreibt[10], das heißt, daß durch die Anwesenheit eines Mannes sie das Gefühl hat, sie selbst zu sein, und daß in diesem Verhältnis der Mann ihr auch leicht vorschreiben kann, was sie zu sein hat, wie sie zu fühlen hat, wie sie sich zu verhalten hat. Wagt sie es, ihren eigenen Vorstellungen entsprechend zu leben, dann ist sie keine „richtige" Frau mehr in den Augen der Männer. Ist die Ansicht der Männer für sie wichtig und maßgeblich, stürzt sie bei der Kritik durch die Männer entweder in eine Identitätskrise oder sie paßt sich wieder an. Die Identitätskrise böte die Chance, das eigene Selbst zu finden. Frauen, die keine originäre Identität entwickeln, Frauen, die sich nicht vom Vaterkomplex ablösen und die sich nicht mit dem Mutterkomplex auseinandersetzen oder aus anderen Gründen keine eigene Identität entwickeln, reagieren oft mit Depressionen auf Trennungen. In Trennungssituationen muß man sich von einem Beziehungsselbst auf das originäre Selbst zurückorganisieren[11]. Das ist aber nur möglich, wenn ein eigenes Selbst in Ansätzen vorhanden ist. Emily Hancock entdeckte bei der Untersuchung überdurchschnittlich selbstbewußter Frauen, daß diese durch Wissen wieder Zugang zu ihrem „inneren Mädchen" gefunden hatten und damit ihr eigentliches Ich wieder freilegten, nach langen Jahren der Fremdbestimmung[12]. Carol Hagemann-White folgert, daß das Mädchen, das selbstbewußt ist und kompetent, mit Beginn der Adoleszenz ihr Selbst verliert und sich nach dem Wunschbild ihrer Umgebung richtet[13]. Mit der Anpassung verliert das Mädchen – wenn sie sich anpaßt – wichtige Aspekte ihres originären Selbst. Das würde sich ändern, wenn Mädchen mehr für Originalität und weniger für Anpassung gelobt würden, und wenn Frauen nicht nur in Beziehung auf den Mann hin gesehen würden.

Wenn nun in der Adoleszenz sehr viel eigenes Selbst der Anpassung an die sozialen Forderungen geopfert wurde, dann ist im Klimakterium die Chance, dem Rollendruck zu entgehen – falls man sich ihm unterzogen hat – und mehr wieder das eigene Selbst zu finden, vielleicht auch wieder etwas von den Qualitäten des Mädchens zu finden, das man einmal war.

Individuation: Das eigene Selbst

Jede Krise, jede Erschütterung der für uns zur Gewohnheit gewordenen Identität bringt es mit sich, daß wir uns auf uns selbst besinnen, uns mit uns selbst auseinandersetzen. Das geschieht nun in der Phase des Klimakteriums ganz besonders, und diese Auseinandersetzung findet statt, gleichgültig, ob wir uns auf eine Rolle hin sozialisiert haben oder ob wir unser Selbstverständnis aus dem Leben von mehreren Rollen bezogen haben.

Aufgrund der starken körperlichen Veränderungen und der verschiedenen Entwicklungsanforderungen dieses speziellen Lebensübergangs erfolgt eine Erschütterung der Identität: Die Frau in dieser Phase ist labiler als sonst. Sie ist dadurch auch offener gegenüber der Außenwelt und der Innenwelt, gegenüber den Emotionen, Phantasien, Trieb- und Beziehungswünschen, Sehnsüchten. Das ist die Chance zur Veränderung. Nicht selten sagen Frauen, sie würden jetzt plötzlich so sehr ihren Müttern gleichen. Eine Auseinandersetzung mit Mutterbildern, Mutterkomplexen und Müttern kann einsetzen. Die Chance dieses Übergangs ist es, angeregt aus vielen Perspektiven, mehr sie selbst zu werden. Und wenn nicht jetzt, wann dann überhaupt? Oder überhaupt nicht mehr? Diese Identitätsunsicherheit, die es erlaubt, Verkrustungen noch einmal aufzubrechen, noch einmal auch eine andere zu werden, kann indessen so viel Angst auslösen, daß sie abgewehrt werden muß.

Eine mögliche Abwehr ist das Verstärken der alten Strategien. Wer sich schon immer definiert hat über das, was sie zu geben imstande war, kann das weiter und verstärkt tun. Wer sich gesagt hat: Ich bin, wie ich gesehen werde – muß sich weiter sehr um Ansehnlichkeit bemühen. (Die Schönheitschirurgie hat dann Konjunktur.)

Eine andere Form der Abwehr ist eine Flucht in kollektive Strukturen oder zurück in den Vaterkomplex: Da können Frauen versuchen, viel Ordnung in ihr Leben zu bringen, um die Unsicherheit zumindest auf einer äußeren Ebene zu neutralisieren. Sie können sehr genau wissen, wie Leben zu sein hat, wie andere zu leben haben, wie man denn dieses Klimakterium zu bestehen hat. Da werden rigoros Forderungen gestellt: Entweder wird die Hormonsubstitution verteufelt, das Klimakterium hat man auf ganz natürliche Weise hinter sich zu bringen, oder die Hormone werden unqualifiziert idealisiert. Es wird aber nicht danach gefragt, was denn für die einzelne Frau ganz persönlich der richtige Umgang damit ist.

Die Abwehr der Unsicherheit bringt es mit sich, daß die Chance, die in dieser Lebensphase liegt, ob mit oder ohne Hormonbehandlung, nicht wahrgenommen werden kann.

Gefragt ist: Ein selbständiges, selbstverantwortliches Ich, als Person des weiblichen Geschlechts, in diesem mittleren Alter, an diesem Lebensübergang zum Alter. Von der Natur aus sind nun die Rollen der Frau freigegeben, sie kann sich nun viel freiheitlicher verwirklichen, sich aktiver für Ziele einsetzen, die ihr wichtig sind. Sie ist aber nicht einmal auf diese Haltung hin festgelegt: sie ist eine potentielle Ausbrecherin, eine Abweichlerin, vielleicht sogar fällt ihr plötzlich ein, daß sie eine freie, wilde Frau ist. Der steigende Androgenspiegel bewirkt, daß sie radikaler wird, ihre Wut mehr äußert, aktiver wird. Ist es da ein Wunder, daß man solange das Klimakterium als Defekt gesehen hat? Versucht hat, die Frauen nach dem

Klimakterium abzuschreiben? Diese Frauen sind zu allem gut – und nicht mehr so leicht zu kontrollieren, es sei denn, sie entwerten sich selbst, identifzieren sich mit dem Angreifer.

Diese Frauen sind aber nicht nur gefährlich, sie sind auch eine große Bereicherung. Werte, die ihnen wichtig waren, können nun in veränderter Form eingesetzt werden. Mütterlichkeit zum Beispiel als eine mütterliche Haltung dem Leben gegenüber. Im Unterschied zur biologisch schöpferischen Phase könnte nun eine geistig schöpferische Phase sich anschließen. Versteht es die Frau, immer mehr sich selber, ihre Gefühle, ihr Sosein ernst zu nehmen, wird die Abhängigkeit vom Urteil der Außenwelt weniger: das gibt Freiheit im Denken und Handeln, auch Mut, unbequem zu sein, zu sagen, was notwendig ist, nicht nur, was gefällt. Es ist der Weg nach innen, der eingeschlagen wird, Treue zu sich selbst steht im Vordergrund, radikaler als zuvor. Das bedeutet aber nicht, daß das Interesse für die Welt nicht mehr vorhanden wäre, es kann aber aus einer gewissen Distanz erfolgen: geistige, religiöse, kulturelle und soziale Interessen dominieren und sind oft umspannender als bei jüngeren Menschen – die Distanz kann den Blick freigeben für die größeren Zusammenhänge. Und die Freude an der Teilhabe am Reichtum und der Fülle unserer Welt ist unübersehbar.

In Träumen von Frauen in diesem Alter fällt auf, daß ältere, oft als weise bezeichnete Frauen vermehrt auftreten, als Vorbilder die einen, als Gestalten, die noch auf den Mutterkomplex verweisen und zur Auseinandersetzung drängen, die anderen. Die alte Weise ist in den Märchen[14] eine Gestalt, die in Kontakt mit der Natur lebt, große Lebenserfahrung und eine Weisheit des Herzens hat, eine Intuition dessen, was notwendig ist, und die authentisch ist – sie selbst. Sie tritt dann auf, wenn sie gefragt wird, sie setzt Heldinnen und Helden auf den Weg, geht aber nicht mehr selber. Das wäre auch ein Aspekt der Generativität, und das ist es, was ausgehend von den Träumen auch in den Träumerinnen belebt wird. Dann treten aber auch Kinder gehäuft in diesen Träumen auf, Neugeborene – die ja unter anderem auch darauf hinweisen, daß auch dieser

Übergang als eine Neugeburt weiter ins Leben hinein verstanden werden kann. Oft sind alte Weise und Kind gemeinsam in Träumen anzutreffen, wohl auch das intrapsychische Modell für die Beziehung von Großmutter zu Enkelin oder Enkel, die Beziehungskonstellation, die sich in diesem Alter anbietet, und die sich nicht nur auf biologische Enkelinnen und Enkel beziehen müßte.

Es ist an uns Frauen selbst, daß wir uns das Leben im und nach dem Klimakterium nicht entwerten lassen, daß wir nicht selbst den Eindruck verbreiten, wir würden jetzt zum „alten Eisen" gehören, daß wir uns nicht selbst auf unsere biologischen Funktionen reduzieren. Eine Kollegin in höherem Alter sagte kürzlich in einem Vortrag etwa sinngemäß, die Frau müsse sich bald entscheiden, ob sie eine Antiquität oder ein Auslaufmodell werden wolle.

Zielvorstellung im Klimakterium für die Frau könnte es sein, noch viel deutlicher als zuvor treu zu sein zu sich selbst und immer mehr die zu werden, die sie eigentlich ist[15]. Wenn dazu auch Züge der alten weisen Frau kommen, weil sie dazu gehört – um so besser. Sie könnte eine Frau werden, die um die Endlichkeit des Lebens weiß, aber auch um das Gestaltenwollen angesichts des Todes, die eine Gelassenheit hat, aber auch den Humor behält angesichts der Verluste, und die riskiert, das zu leben, was sie schon immer leben wollte.

3. Teil
Durchbruch zu neuen Tugenden

Wandlung bedeutet immer auch, daß ein Wertewandel stattfindet, daß neue Werte im Vordergrund stehen und erstrebenswert werden. Nun wird immer gesagt, wir lebten in einer Zeit des Wertepluralismus, das hieße also, daß wir an so vielfältigen Wertsystemen teilhaben, daß wir Mühe haben, uns zu entscheiden, welche Werte denn gelten sollen. Das stimmt allerdings nur teilweise, denn es gibt immer noch Werte, die allgemein gültig sind und die auch alle Menschen auf eine bestimmte Haltung hin verpflichten, wenn sie ihr Handeln als ethisch vertretbar sehen wollen. Aus gültigen Werten entsteht die Anforderung an jedes Individuum, diesen Wert im eigenen Leben zu verwirklichen, z. B. den Wert der Wahrhaftigkeit. An therapeutischen Prozessen wird deutlich, daß die Wandlung, die in der Regel dahin geht, daß Menschen echter werden, besser emotional mit sich in Kontakt stehen, ihre Lebenssituation realistischer einschätzen, sich selber besser annehmen, wie sie sind, und dadurch ihre Lebensprobleme auch besser lösen können, was auch dazu führt, daß neue Werte in den Vordergrund treten.

Gewisse therapeutische Erfahrungen können auch auf politische Probleme übertragen werden. So hat das Thema der Feindbilder wesentlich damit zu tun, daß wir uns Fremdes in unserer eigenen Psyche fürchten, es daher verdrängen und auf Sündenböcke projizieren. Die würden wir dann am liebsten weit, weit weg schicken. Das ist ein Aspekt der Fremdenfeindlichkeit. Auch da sind neue Tugenden gefragt.

Alle Wandlungen, auch die sozialen, führen auch dazu, daß neue Werte in den Mittelpunkt des Interesses rücken. Diese können natürlich nicht von einzelnen Individuen als gültig gesetzt werden, sie können vorgeschlagen und sie könnten dann diskutiert werden. So meine ich etwa, daß wir anstelle einer Konkurrenzkultur eine Beziehungskultur setzen könnten, in der mehr Solidarität möglich ist. Auf diesen Gedanken kam ich, als ich eine Beziehungsform untersucht habe, die sehr stabil ist und die eine große Befriedigung in sich birgt, die sowohl sehr viel Anteilnahme, Hilfe und Verstehen gibt, aber auch einen großen Anreiz dazu birgt, daß die einzelne Frau wirklich mehr sie selbst wird, sich nicht einfach anpaßt: die Beziehung zwischen besten Freundinnen. Werte, die in diesen Frauenfreundschaften immer wieder sichtbar werden und die diese befriedigende Beziehung ermöglichen, könnten als allgemeine Werte einer Beziehungskultur verstanden werden.

Sich selber annehmen –
individueller Tugendwandel

Auf meine Frage, ob sich durch Therapie die Tugenden gewandelt hätten, antwortete ein 42jähriger Mann, der drei Jahre in Therapie gewesen war: Vor der Therapie – so etwa mit 35 – sei er sehr tapfer gewesen – Mut als Tugend sozusagen. Er sei auch sehr sinnen- und leibfeindlich gewesen, habe ein asketisches Ideal gehabt, auch zwanghaft sei er gewesen, es mußte alles seine Ordnung haben. „Ich war sehr kontrolliert, Selbstbeherrschung war eine Tugend, ich hatte einen Sinn für Gerechtigkeit. ‚Das ist nicht fair‘, war mein geflügeltes Wort. Jetzt nach drei Jahren Eintreten auf einen Individuationsprozeß, am Ende einer Analyse, jetzt stehe ich zu meiner Angst, ich muß mich auch nicht mehr um jeden Preis beherrschen, ich bin viel weniger eindeutig als früher, habe viel mehr Zweifel, gehe aber so liebevoller mit mir und anderen Menschen um. Ich versuche authentisch zu sein, ich weiß um meinen Schatten und kämpfe manchmal ganz schön. Ich weiß aber auch um den Schatten von anderen Menschen, ich bin nicht mehr so naiv. Statt Regeln zu folgen, versuche ich das zu tun, was für mich in der jeweiligen Situation wirklich stimmt. Ich bin nicht mehr asketisch, dafür bin ich auch viel gewöhnlicher geworden. Die Liebe zur Gerechtigkeit habe ich behalten, ich fühle mich jetzt viel verantwortlicher, auch dafür, daß ich nicht ständig Seiten von mir abspalte. Aber ich tue es natürlich doch.“

Was dieser 42jährige Mann schildert, ist die Wandlung von einem steilen Vollkommenheitsideal zu einem breiteren, sanfteren, und wie ich meine, auch menschlicheren Vollständigkeitsideal, in dem auch Scheitern seinen Platz hat. Individueller Tugendwandel also, bewirkt durch eine Therapie, in deren

Zentrum der Individuationsprozeß steht, also eine Therapie nach C. G. Jung.

Der Individuationsprozeß

Ziel des Individuationsprozesses ist es, daß man zu dem Menschen wird, der man eigentlich ist. „Werde, der du bist", so sagte schon Pindar. Die Idee ist also nicht neu. Aristoteles betonte, daß jedes Erschaffene in sich die nur ihm eigene Gestalt habe, und das Leben soll zu dieser eigenen Gestalt hinführen. Das heißt, daß die Fülle der Lebensmöglichkeiten, die in uns angelegt sind, zu einem großen Teil erlebbar werden, daß sichtbar wird, was in uns – und vielleicht eben nur in uns – angelegt ist. Der Individuationsprozeß ist in diesem Sinn ein Differenzierungsprozeß: Die Besonderheit eines Menschen soll zum Ausdruck kommen, seine Einzigartigkeit. Dazu gehört ganz wesentlich das Annehmen von sich selbst, mit den jeweils damit verbundenen Möglichkeiten, aber auch den Schwierigkeiten; wobei gerade die Schwierigkeiten wesentlich sind – sie machen ja unsere Besonderheit weitgehend aus. Das Annehmen von sich selbst samt den Möglichkeiten und den Schwierigkeiten ist eine Grundtugend, die im Individuationsprozeß verwirklicht werden will. Im Zusammenhang mit dem Individuationsprozeß wird immer einmal das Bild eines Baumes gebraucht: Ein Samen, der zur Erde fällt, soll zu dem Baum werden, der im Samen angelegt ist, in Wechselwirkung mit Standort, Wetter, Klima usw. Auch wenn wir an Bäume denken, sind ihre Verwundungen etwas sehr Charakteristisches.

„Werden, der man ist", „Werden, die man ist" heißt keineswegs glatt, harmonisch, abgeschliffen zu werden, sondern immer mehr an sich wahrzunehmen, was man ist, was stimmig ist in der eigenen Persönlichkeit samt Ecken und Kanten. Insofern ist der Individuationsprozeß auch immer ein Annäherungsprozeß. Wir wissen gar nicht, was wir letztlich sind, und auch der Analytiker/die Analytikerin weiß es nicht.

Es ist eine Annäherung; jede Wandlung, die wir erleben, ist auf Korrigierbarkeit hin angelegt, ist vorläufig.

Der andere Aspekt des Individuationsprozesses – ebenso wichtig und vielleicht psychologisch auch praktikabler, auch mit dem Ziel der Selbstwerdung verflochten – zielt auf das Erreichen von mehr Autonomie. Der Mensch soll zu einem Einzelwesen werden, abgelöst von den Elternkomplexen und damit zusammenhängend auch von kollektiven Maßstäben, von Normen und Werten in einer Gesellschaft, von Rollenerwartungen, von dem, was „man" denkt. „Man-selbst-Werden" heißt auch *mündig* zu werden.

Im Weltbild der Jung'schen Psychologie gilt, daß das, was außen ist, auch innen, was innen, auch außen ist. Wir sollen uns deshalb nicht nur vom Verhaftetsein an kollektive Werte, Normen, Rollenerwartungen lösen – die wir in unserer Persona internalisiert haben –, sondern auch vom Verhaftetsein ans Unbewußte, und dann bewußt in Beziehung dazu treten[1]. Wir sollen also weder vom Unbewußten bestimmt werden noch von den Werten, die wir gesellschaftlich geschaffen haben. Vom Verhaftetsein ans Unbewußte gelöst zu sein, meint z.B., daß wir unser Leben nicht einfach von *einem* Archetypus bestimmen lassen, während wir es gar nicht merken.

Ein Beispiel dazu: Der eingangs zitierte Mann war vom Archetypus des Helden sehr in Beschlag genommen. Überall und automatisch wollte er ein Held sein, fühlte er sich schlecht, wenn er kein Held sein konnte. Diesem Mann mußte zunächst bewußt werden, daß er unter dem Zwang stand, immer ein Held sein zu müssen. Die Menschen sagten zu ihm, lobend oder tadelnd, er würde sich immer so heldenhaft benehmen; ihm wurde immer so viel Arbeit zugeschoben, weil er sich nie beklagte, alles gut bewältigte. Er träumte auch oft von Helden. Mit der Zeit wurde ihm deutlich, daß er sehr stark davon bestimmt war, Held sein zu müssen. Er fragte sich in vielen Lebenssituationen, ob es für ihn und für die Sache sinnvoll sei, Held zu sein. Ein Dialog zwischen dem Ich und dieser Heldenseite setzte ein. Diese Heldenseite ist nicht nur einfach etwas Problematisches. Ziel wäre es vielmehr, dieser

Seite dort einen Platz im Leben einzuräumen, wo sie sinnvoll ist. Solch ein Vorgang wäre Ablösung vom Unbewußten. Sie bedeutete noch nicht, daß dieses Unbewußte nicht im alten Sinne weiterwirkte, aber wenigstens könnten wir dann zu diesen Seiten in eine Beziehung treten und würden nicht mehr einfach davon bestimmt.

Jung sieht also, wenn wir beide Aspekte zusammen sehen, den Menschen als einen, der im gelebten Vollzug des Individuationsprozesses – und der findet in der Therapie statt – zu dem werden soll, der er eigentlich ist, also immer weniger fremdbestimmt von den andern Menschen, Ideen, Werten, aber auch immer weniger fremdbestimmt durch Kräfte des kollektiven Unbewußten. Anstelle dieser Fremdbestimmung tritt der Dialog; der Dialog zwischen Bewußtsein und Gesellschaft, der Dialog auch zwischen Bewußtem und Unbewußtem. Und das würde dann – zwar immer vorläufig – im Laufe des Individuationsprozesses eine Entwicklung zu mehr Autonomie bringen.

Jung bezeichnete den Individuationsprozeß einerseits als internen, subjektiven Integrationsvorgang, d. h. in diesem Prozeß stehend lernt der Mensch immer mehr Seiten an sich selbst kennen und tritt mit ihnen in Kontakt, verbindet sie mit dem Bild von sich selbst – z. B. durch Rücknahme von Projektionen –, und andererseits ist der Individuationsprozeß ein interpersoneller, intersubjektiver Beziehungsvorgang. Jung: „Die Beziehung zum Selbst ist zugleich die Beziehung zum Mitmenschen, und keiner hat einen Zusammenhang mit den Mitmenschen, er habe ihn denn zuvor mit sich selbst[2].", oder: „Der unbezogene Mensch hat keine Ganzheit, denn er erreicht diese nur durch die Seele, die ihrerseits nicht sein kann ohne ihre andere Seite, welche sich stets im Du findet[3]."

Diesem Gedanken, daß der Individuationsprozeß zugleich ein Integrationsprozeß und ein Beziehungsvorgang ist, ist die subjekt- und objektstufige Deutung von Symbolen in der Jung'schen Therapie verpflichtet. Wenn wir z. B. im Traum einer Autoritätsfigur begegnen, dann kann man diese als äußere Autorität sehen, der wir eben in einer besonderen Färbung im Traum begegnen. Unser Verhalten im Traum kann dann etwas aussagen über unser Verhalten im Alltag den entsprechenden Autoritäten gegenüber. Das wäre eine Deutung auf der Objektstufe. Bei der Deutung auf der Subjektstufe wird diese Autorität als innere Gestalt gesehen, als eine Seite von uns selbst, und in diesem Zusammenhang als einen autoritären Zug in uns selbst. Wenn man Jung nicht verkürzt, meine ich, daß man beide Deutungsformen beiziehen müßte. Der Individuationsprozeß müßte keineswegs dazu führen, daß Menschen einsame Individuen werden, sondern der Individuationsprozeß müßte Menschen gerade gemeinschaftsfähiger machen. Zitat Jung: „Der Individuationsprozeß bringt eine Bewußtheit menschlicher Gemeinschaft hervor, weil er eben das alle Menschen verbindende und alle Menschen gemeinsame Unbewußte zur Bewußtheit führt. Die Individuation ist ein Einswerden mit sich selbst und zugleich mit der Menschheit, die man auch ist[4]." Oder anders ausgedrückt: Es gibt niemals nur Entwicklung von Autonomie, Hand in Hand damit geht immer auch die Entwicklung von Beziehungsfähigkeit.

Individuation ist ein Ziel. Ganzwerden ist eine Utopie, wir sind bestenfalls auf dem Weg. Der Prozeß erfüllte die Dauer des Lebens mit Sinn[5]. Daß ein utopisches Ziel hinter dem Individuationsprozeß steht, wird deutlich, wenn wir uns dem Selbst zuwenden. Das Selbst steht ja hinter der Selbstwerdung. Individuation als Einswerden mit uns selbst, aber eben auch als Selbst-Werden. Jung sagt vom Selbst – und das ist für ihn der zentrale Archetypus –, daß es ein wegweisendes Prinzip sei, der geheime spiritus rector unseres Lebens, das, was bewirkt, daß wir sind und uns entwickeln[6]. Jung spricht von einem Trieb zur Selbstwerdung und bezeichnet das Selbst als apriorisches Gestaltungsprinzip in uns, das auch den Aufbau des Ichkomplexes steuert[7]. Weiter wird das Selbst als Zentrum der Selbstregulierung bezeichnet – für Jung ist das psychische System ein selbstregulierendes System –, aber auch als Zentrum der Selbstzentrierung, das bewirkt, daß wir wieder zu uns kommen können. Das Selbst ist Grund und Ursprung der individuellen Persönlichkeit und umfaßt diese individuelle

Persönlichkeit in Vergangenheit, Gegenwart und Zukunft[8]. Die Symbole des Selbst – so sagt Jung – entstehen in der Tiefe des Körpers, sie drücken deshalb sowohl unsere Stofflichkeit aus als auch die Struktur des wahrnehmenden Bewußtseins[9]. Symbolisch erscheint denn auch das Selbst sehr oft im Symbol der Vereinigung der Gegensätze, sehr häufig im Symbol eines Liebespaares, und gerade dieses Symbol erscheint mir außerordentlich wichtig, weil hier das Erleben von Liebe, von Ganzheit, von Vereinigung der Gegensätze, von Sehnsucht nach Entgrenzung ausgedrückt ist[10]. Und es ist immer wieder feststellbar, daß Menschen die Sehnsucht nach Liebe und die Sehnsucht nach dem Selbst kaum voneinander trennen können. Wenn wir von Liebe ergriffen sind, ist damit noch eine Sehnsucht verknüpft, die über die Liebesbeziehung hinausgeht. In solchen Situationen wäre das Selbst konstelliert. Das Selbst kann auch in abstrakten Symbolen dargestellt werden wie Kreis, Kugel, Dreieck, Kreuz, in Symbolen also, die eine Ganzheit symbolisieren, deren Wesen es ist, daß viele mögliche Gegensätze in ihnen enthalten sein können, aber nicht aufgehoben sein müssen[11]. Wenn nun der Archetypus des Selbst dem Menschen erfahrbar wird, dann haben wir den Eindruck, daß wir absolut gemeint sind, wir haben das Gefühl der Selbstzentrierung, das Erlebnis der unabweisbaren Identität und auch der Schicksalshaftigkeit der jeweiligen Lebenssituation, in der dieses Symbol erlebt wird. Die Inkarnierung des Archetypus des Selbst in unserem Leben steht sozusagen als Utopie für den ganzen Individuationsprozeß.

Jung spricht dann aber auch noch von einer weiteren Ebene des Selbst. Das Selbst, von dem ich bis jetzt gesprochen habe, könnte man als „mein Selbst" bezeichnen, also das, was meine Ganzheit werden kann, was ich werden kann im Laufe meines Lebens, was ich in mir entfalten kann, wenn ich möglichst viel zulassen kann. Das Verhältnis von Selbst und Ich ist eines der gegenseitigen Fundierung: Hinter der Entwicklung des Ich steht das Selbst – das Selbst, das den Ichkomplex weit übergreift –, das Selbst kann sich im aktuellen Leben aber nur verwirklichen durch das Ich.

Jung spricht nun aber auch noch von „dem Selbst", und „das Selbst" wäre dann der ewige oder universale Mensch in uns, einfach „der Mensch". „... der runde, vollkommene Mensch der Ur- und Endzeit, Anfang und Ziel des Menschen überhaupt[12]."

Das bedeutet aber, daß Selbstverwirklichung, Arbeit an sich selbst nicht nur persönliche Notwendigkeit wäre, vielleicht Befriedigung und Sinnerleben vermittelt, sondern daß dahinter auch eine Anstrengung für das Menschliche an sich zu sehen wäre.

Das gilt dann ganz besonders noch für die dritte Stufe des Selbst, von der ich eigentlich nur andeutungsweise reden möchte: das wäre die Verbindung des Selbst mit dem Unus Mundus[13]; da steht letztlich die Idee dahinter, daß der Mensch mit dem ganzen Kosmos verbunden *ein* System ist – was wir tun, wirkt auf den Kosmos, und was im Kosmos geschieht, wirkt auch auf uns zurück. Das ist eine Vorstellung aus der Renaissance, die in neuerer Zeit vom ökologischen Denken her wieder vertraut zu werden beginnt.

Individueller Tugendwandel

Die Werte, die durch das Konzept des Individuationsprozesses in den Mittelpunkt der Aufmerksamkeit gerückt sind, also sozusagen den Kern einer mit ihm verbundenen Wertpyramide darstellen, fordern Wertverwirklichung, d.h. sie fragen nach menschlichen Haltungen, die die Werte, die im Individuationsprozeß angestrebt sind, auch verwirklichen lassen. Diese Haltungen könnte man auch Tugenden nennen – Tugenden als habituell gewordene Einstellungen zu Werten.

Bewußtwerden als Tugend, gegen die Versuchung, unbewußt zu bleiben – oder die Tugend der Verantwortlichkeit

Der Individuationsprozeß wird vorangetrieben durch die Auseinandersetzung des Bewußtseins mit dem Unbewußten, zum

Teil mit Hilfe des Therapeuten. Das Ichbewußtsein des Menschen muß wahrnehmen, was im Alltag vor sich geht, muß aber auch wahrnehmen, was die Äußerungen des Unbewußten sind: Träume, Phantasien, Projektionen müssen wahrgenommen und in ihrem emotionalen Gehalt auch angenommen werden. Die Schwierigkeit besteht darin, daß wir selektiv wahrnehmen: Was uns gut gefällt, was uns selbst auch schmeichelt, das nehmen wir gerne wahr, was uns nicht paßt, was nicht mit dem Bild von uns selbst, das wir uns machen, um liebenswert zu sein, übereinstimmt, das verdrängen wir eher. Bewußter leben meint, auch die Seiten an uns selbst zu sehen, die wir ablehnen, die wir deshalb lieber an anderen Menschen sehen, es meint einmal Akzeptanz des Schattens und weiter gefaßt überhaupt Akzeptanz von Seiten an uns, die mit dem Bild, das wir uns von uns machen, in einem Widerspruch stehen. Diese Grundhaltung des Bewußter-Werdens – das ist durchaus eine anstrengende Grundhaltung, da kann man alles Heldenbewußtsein dafür einsetzen – impliziert verschiedene weitere Haltungen: einmal die *Verantwortlichkeit*. Bewußtwerden kann man sich nicht ohne die Verantwortlichkeit denken, denn Bewußtwerden heißt auch verantwortlich zu werden für das, was wir tun, was wir sehen, was wir übersehen. Bewußtwerden heißt auch zu wissen, wo unsere Verantwortlichkeit aufhört.

Die Tugend der Achtsamkeit

Achtsamkeit meint, daß wir mit wachen Augen und Ohren in unseren Beziehungen stehen – nicht nur in der analytischen Beziehung –, sondern in den Beziehungen ganz allgemein, daß wir darauf achten, was vor sich geht, und zwar außen und innen. Zur Achtsamkeit gehört auch, daß wir unsere Gefühle ernst nehmen, daß wir unsere körperliche Befindlichkeit, in der sich die Emotionen oft leicht ablesen lassen, wahrnehmen. Zur Achtsamkeit gehört weiter, daß wir Gefühle anderer Menschen, die von den unsern abweichen, annehmen und akzeptieren. Das gleiche gilt für die Bedürfnisse: Erfüllen brauchen wir sie deswegen nicht, nur wahrnehmen, akzeptieren und unsere Reaktion dazu geben. Wenn wir von Achtsamkeit reden, dann könnte man in diesem Zusammenhang von einer Wahrnehmungsethik sprechen, wie Roland Stiefel das tut[14].

Die Tugend der Achtsamkeit ist wesentliche Voraussetzung für die Tugend der Schattenakzeptanz, ihrerseits wieder ein wesentlicher Aspekt des Bewußtwerdens.

Die Tugend der Schattenakzeptanz

Denkt man an den individuellen Tugendwandel durch einen Individuationsprozeß, dann fällt einem in der Jung'schen Begrifflichkeit zuerst einmal die sogenannte Integration des Schattens ein. Ich ziehe es vor, von Schattenakzeptanz zu sprechen, und zwar deshalb, weil ich meine, daß Schattenintegration in vollem Sinne nicht möglich ist. Erich Neumann hat in seinem Buch „Tiefenpsychologie und neue Ethik"[15], das er während des Zweiten Weltkriegs geschrieben und 1948 erstmals herausgegeben hat, den Gedanken der Bedeutung der Schattenintegration von C. G. Jung aufgenommen, differenziert und postuliert, daß mit der Schattenintegration eine neue Ethik gewonnen werden könnte.

Mit Schatten werden Seiten an uns bezeichnet, die wir nicht akzeptieren können, die nicht mit unserem Ichideal übereinstimmen, oft auch nicht mit den Werten, die eine Gemeinschaft gesetzt hat, und die wir deshalb verdrängen und mit Vorliebe an anderen Menschen sehen, in der Projektion, und sie dort auch bekämpfen. Neben dem persönlichen Schatten gibt es auch den Schatten des Kollektivs.

Zum persönlichen Schatten: Wer sich gern großzügig sieht, der hat seine kleinlichen Seiten im Schatten; wer sich gern unaggressiv gibt, hat seine Aggressionen im Schatten, kann dann, wenn sein Schatten konstelliert ist, aggressiv sein, es selber aber nicht merken. Der Schatten ist leicht zu erleben, wenn wir achtsam sind. Da will man etwa bewußt sehr freundlich einem Menschen, der einen insgeheim ärgert, eine Auskunft geben. Der Ärger ist zu hören in der schneidenden

Stimme. Würde man nun diese schneidende Stimme wahrnehmen, wenn man es nicht vorzieht, sie zu verdrängen, dann müßte man das Bild von sich selbst als einem ganz und gar freundlichen Menschen ändern. Und das ist gar nicht so einfach, denn wir möchten doch so gerne unserem Idealbild entsprechen. Spüren wir, daß wir das nicht tun, reagieren wir zunächst einmal mit Verunsicherung und Angst.

Der Schatten begegnet uns auch in unseren Träumen: Da tauchen etwa Einbrecher auf, gierige Menschen, Tagediebe, Sadisten, Mörder usw. Wenn wir beim Erleben dieser Träume und beim Erinnern einen fast unüberwindlichen Widerwillen spüren, dann hat das bestimmt mit unserem Schatten zu tun; nicht etwa in dem Sinne, daß wir z. B. Mörder wären, sondern als ein Hinweis darauf, daß wir die Eigenschaften, die wir mit einem Mörder verbinden, in uns auch erleben können. Der Unterschied von uns zu einem Mörder ist, daß wir unsere mörderischen Impulse in der Regel mit unserem Bewußtsein kontrollieren können, so daß sie nicht durchbrechen. Aber es ist durchaus sinnvoll, zu erleben, daß wir z. B. angesichts einer gewissen Situation auch eine mörderische Wut haben oder ganz und gar destruktiv handeln können, also nicht so abgeklärt sind, wie wir es eigentlich von uns erwarten.

Der Schatten zeigt uns, daß wir nicht so sind, wie wir uns gerne sehen, sondern er konfrontiert uns damit, daß wir gerade das, wogegen wir uns bewußt immer wieder entscheiden, dennoch in unserer Seele auch vorfinden. Allerdings begegnen wir zunächst dem Schatten nicht in unserer Seele, sondern projiziert auf andere Menschen. Wir können uns lange und gründlich über die räuberische Verhaltensweisen und -praktiken irgendeines Zeitgenossen auslassen; wir beschreiben dabei nicht nur genüßlich seine Praktiken, wir verurteilen sie natürlich auch und zeigen damit, daß wir die besseren Menschen sind. Im Interesse an der Person, die unsere Schattenprojektionen auf sich zieht – und die durchaus räuberische Praktiken haben kann –, leben wir teilweise unseren Schatten. In der moralischen Verurteilung eben dieser Person distanzieren wir uns aber wieder, und das bedeutet, daß wir zwar für einen

Moment entlastet sind – unser Schatten ist dann nicht mehr so ganz verdrängt –, aber wir übernehmen dabei noch keine Verantwortung für unsere Schattenseite. Der moralische Konflikt muß nicht ausgehalten werden. Sich seines Schattens bewußt zu werden bedeutet, sich zu fragen, warum wir uns denn eigentlich über die räuberischen Praktiken eines Menschen so aufregen müssen, auch dann, wenn wir nicht unmittelbar geschädigt sind. Aber diese Frage stellen wir uns eigentlich selten. Oft projizieren wir unseren Schatten auch auf Menschen, die weit weg sind – da ist der Schatten am wenigsten gefährlich –, auf Fremde, auf Menschen in fernen Ländern, auf Menschen, die zu Randgruppen gehören. In diesen Fällen müßten wir uns fragen, wo denn in unserem Leben die Eigenschaften anzutreffen sind, die wir diesen Menschen andichten und die zu pauschalen Vorurteilen führen können, wie etwa: Italiener sind immer laut. Vielleicht haben auch wir eine Seite in uns, die einmal etwas lauter, lebensfroher, weniger kontrolliert sich äußern möchte, als unsere eigene Norm es erlaubt. Schattenakzeptanz bedeutet also zu sehen, daß der Schatten zu uns gehört, und damit zu vermeiden, daß wir den Schatten projizieren. Das bedeutet aber Konflikt, Kränkung unseres Selbstwertgefühls, einmal akzeptiert dann aber auch Entlastung, Freiheit und Stärkung unseres Selbstwertgefühls. Einen Konflikt bedeutet es, weil wir damit akzeptieren müssen, Seiten zu haben, die wir zutiefst verabscheuen, die wir doch nicht verbergen können, weil sie in unserem Handeln sichtbar werden. Es kränkt uns in unserem Selbstwertgefühl, solange dieses darauf beruht, daß wir uns nur mit den guten Vorstellungen von uns selbst identifizieren. Entlastung erleben wir durch die Akzeptanz des Schattens, weil wir nicht ständig Seiten an uns verdrängen müssen, Seiten, die sehr oft auch mit einer großen Lebendigkeit verbunden sind, wir müssen nicht ständig besser sein, als wir sind. Der Schatten ist nämlich nicht nur das, was wir üblicherweise als moralisch böse bezeichnen. In diesen Seiten, die wir nicht akzeptieren, die vielleicht auch gesellschaftlich nicht akzeptiert werden, liegt zwar oft etwas, was uns gefährlich werden kann, oft aber auch etwas außerordentlich Lebendiges.

Beispiel: Der Mann, von dem ich eingangs gesprochen habe, wunderte sich darüber, daß er immer einmal wieder mit großem Zorn über solche Menschen sprach, die einfach in den Tag hineinleben, gut essen und trinken und ab und zu ein Fest feiern. Er ärgerte sich zusätzlich über seinen Zorn, denn er wollte ein kontrollierter Mensch sein. Wir stellten zunächst fest, daß es diesen Zorn gab. Wir erinnern uns, daß er in der Zeit vor der Analyse asketisch gewesen war: Die Menschen, die gerne essen und trinken und Feste feiern, sind nun einmal nicht asketisch. Sie leben seine Schattenseiten aus, die er unter Kontrolle hält. Er muß sie sogar noch bei den anderen Menschen abwehren, sie beunruhigen ihn, deshalb wird er zornig. Er fühlt sich aber schlecht dabei, wollte er doch gut sein zu allen Menschen und niemanden verurteilen. Dann träumte er von einem dicken, lebenslustigen Mann – er fand dicke Männer mit dicken Bäuchen schrecklich –, der ein Stück Fleisch, von dem er gerade abgebissen hatte, in der einen Hand hielt, im anderen Arm hielt er eine Frau.

Seine Einfälle zu dem Traum: Er fand den Mann primitiv, er fand das alles schrecklich, furchtbar, so könne man doch nicht sein usw. Ich versuchte seinen Blick darauf zu wenden, daß dieser Mann zumindest ein Genießer sei und offenbar Lust habe, sich so zu benehmen, wie es eigentlich nicht vorgeschrieben sei. Er schaute mich auf diese Bemerkung hin strafend an.

Er wurde dann von einem Freund zu einem sehr reichhaltigen Essen verführt, und ich denke, die Tatsache, daß er sich dazu hat verführen lassen, war schon eine Folge der Schattenbewußtwerdung. Er kam in die Therapie und erzählte, wie wichtig dieses Essen für ihn gewesen sei, er idealisierte das Erlebnis des Miteinander-Essens, er sprach von einem rituellen Mahl. Er konnte nicht einfach sagen, daß ihm das Essen geschmeckt hatte, auch wenn es zuviel war. Bei ihm war es keine „Völlerei", sondern ein Ritual: Ein Hinweis darauf, daß er seinen Schatten durch Idealisierung abwehrt.

Er träumt dann weiter von einem Mann, der zwar genußvoll, aber nicht kultiviert ißt. Dieser Traum bringt ihm nahe,

148

daß es gut sein kann, ein ganz gewöhnlicher Mensch zu sein; damit wäre eine gewisse Schattenakzeptanz erreicht. Diese Schattenakzeptanz ist in vielfältiger Weise mit seiner Lebensgeschichte verknüpft. Diesen Aspekt lasse ich hier aus. Mit der Akzeptanz von diesem genußfähigen Schatten – und das ist nur ein ganz kleiner Aspekt des Schattenspektrums – erlebte er sich als gewöhnlicher als vorher, aber auch als menschlicher und vor allem lebendiger. Er erlebte sich sicherer in seinem Selbstwert. Das ist eine Folge der Akzeptanz des Schattens.

Die neue Ethik fußte, wie Neumann 1948 in seinem gleichnamigen Buch schrieb, auf einer Bewußtmachung der positiven und negativen Kräfte in der menschlichen Struktur und auf ihrer bewußten Einbeziehung in das Leben des einzelnen und der Gemeinschaft. In einem Brief an Neumann schreibt Jung dann 1957: „Es handelt sich ja nicht wirklich um eine neue Ethik. Das Böse ist und bleibt immer das, von dem man weiß, daß man es nicht tun sollte. Der Mensch überschätzt sich aber leider in dieser Hinsicht. Er meint, es stehe ihm frei, das Böse oder das Gute zu beabsichtigen[16]." Jung fährt dann fort in dem Sinne, daß dem Menschen, auch wenn er sich größte Mühe gebe, das Gute zu tun, das Böse immer wie ein Unglücksfall zustoße. „Da nun das Böse unvermeidlich ist, kommt man aus der Sünde nie ganz heraus, und diese Tatsache ist es, die man anerkennen muß. Sie gibt Anlaß nicht zu einer neuen Ethik, sondern zu differenzierteren ethischen Überlegungen, nämlich zu der Frage, wie verhalte ich mich zu der Tatsache, daß ich der Sünde nicht entrinnen kann?[17]" Und die Antwort, die Jung immer wieder gibt, ist diese: Es liegt im Wesen des Menschen, daß wir der Sünde nicht entrinnen können, wir sollen aber so bewußt wie möglich diese Seiten an uns sehen und verantwortlich – so weit es geht – damit umgehen.

Auch wenn der Ausdruck „neue Ethik" von Neumann vielleicht zu weit geht oder etwas provozierend wirkt, meine ich, daß Neumann gesehen hat, welche Werte mit dem Konzept der Individuation verbunden sind, wenn er zusammenfassend pauschalierend sagt, Integration sei gut und Desintegration sei böse, daß es also letztlich darum gehe, Einseitigkeiten zu überwinden.

Nun hat die Akzeptanz des Schattens in der Tat weitreichende Konsequenzen. Wenn wir unseren Schatten kennen und seine Existenz akzeptieren, dann rechnen wir auch mit dem Vorhandensein des Schattens bei anderen Menschen. Wir gehen wohlwollender mit Schwächen und Fehlern um, werden toleranter. Wäre Schattenakzeptanz ein kollektiv akzeptierter Wert, würde es auch einfacher sein, zu Fehlern zu stehen. Diese Toleranz oder Solidarität müßte sich gerade auch auf Randgruppen ausweiten, die Akzeptanz des Schattens hätte also sozialpsychologische Konsequenzen. Menschen der Randgruppen machen uns ja oft sehr zu schaffen: Sie verkörpern die Schattenseiten der Etablierten. Schattenakzeptanz wäre eine Voraussetzung für Demokratie, aber auch für Solidarität. Auch auf der politischen Ebene hätte Schattenakzeptanz ihre Bedeutung, und wir werden mit der Zeit gezwungen, diese Schattenakzeptanz zu praktizieren. Wir projizieren unseren Schatten häufig auf Menschen, die weit weg sind, damit er bloß nicht zurück kommt; dafür fürchten wir dann diese Menschen und stellen ganze Armeen auf, weil diese uns überfallen könnten, wir fürchten diese Menschen, statt unseren Schatten zu fürchten. Die Welt wird aber immer kleiner: Wir können ohne große Anstrengung weit reisen. Wir können es kaum mehr vermeiden, Menschen von Völkergruppen, auf die wir gewisse Eigenschaften projizieren, zu treffen, zu sehen, vielleicht sie sogar zu lieben und dann zu merken: So sind die ja gar nicht! Was tun wir dann mit unserem Schatten? Es hilft nur noch die Schattenakzeptanz.

Daß wir mit dem Schatten leben wollen, kann nun nicht einfach heißen, daß man alles Schattenhafte an sich ungehemmt ins Leben einbringt. Gewiß ist im Schatten oft viel Energie, viel Lebenslust verborgen: Denken wir daran, wieviel Lustvolles wir auch schon verteufelt haben, und daß wir dieses Lustvolle durchaus aus dem Schatten wieder ausgraben könnten. Aber es bleibt das moralische Problem, mit dem wir verantwortlich umzugehen haben. Wir sind verantwortlich dafür, wie wir mit Schatten, der uns bewußt ist, umgehen, und wir sind auch verantwortlich dafür, daß uns immer mehr von unserem Schatten bewußt wird. Um Schatten akzeptieren zu können, braucht man verschiedene Tugenden außer der genannten Verantwortlichkeit.

Das Aushalten der Spannungen in der Hoffnung auf eine schöpferische Lösung

Schon an der Auseinandersetzung mit dem Schatten wird deutlich, daß selten aus der bewußten Haltung und dem sie kompensierenden Schatten eine gemäßigte Haltung entsteht, die beide Teile enthält. Gemäßigte Haltungen sind eher Endstadien, und ihnen gehen Situationen der Spannung von einander widersprechenden Tendenzen voraus, die wir nicht miteinander vereinen können. Das ist das, was Jung immer wieder als „Pflichtenkollision" bezeichnet. Spannungen, Widersprüche müssen ausgehalten werden, und gemäß dem Individuationskonzept werden sie ausgehalten in der Hoffnung auf schöpferische Verwandlung; in der Hoffnung, daß aus dem Erkennen der gegensätzlichen Tendenzen und dem Aushalten der damit verbundenen Spannung sich dann etwas Neues in unserer Psyche ereignet, ausgedrückt in einem Symbol oder in neuem Verhalten. Insofern ist Aushalten der Spannung, Aushalten der Widersprüche eine wesentliche Haltung im Individuationsprozeß, verbunden mit der Hoffnung auf schöpferische Wandlung.

Das Phänomen der „Pflichtenkollision" kennen wir etwa dort, wo das Gewissen als Ausdruck dessen, was wir in bezug auf den Sittenkodex gelernt haben, mit unserer inneren Stimme in Konflikt gerät. Folgen wir dem Gewissen, dann kann das bedeuten, daß wir gerade in unserer speziellen Lebenssituation die notwendigen Bedürfnisse unserer Seele nicht in Betracht ziehen. Folgen wir nur unserer inneren Stimme, kommen wir in einen Gegensatz zu unserem Gewissen und damit natürlich auch in einen Gegensatz zu Normen und Werten unserer Gesellschaft, die wir im Gewissen internalisiert haben. „Pflichtenkollisionen" ergeben sich aus dem Widerspruch zwischen Treuepflicht und Aufbruchspflicht, und in diesem Widerspruch steht der Mensch von früher Kindheit an.

Auch dazu ein Beispiel aus der Analyse des Analysanden, von dem ich schon berichtet habe: Er ist seit zwölf Jahren verheiratet, er hat Kinder, für ihn ist Familie zu haben ein hoher Wert. Treue ist ein Wert, er möchte seiner Frau und seiner Familie treu sein. Nun trifft er eine Frau, er verliebt sich in diese Frau, doch er verbietet sich diese Liebe. Er spricht auch in der Analyse nicht davon, daß er sich verliebt hat. In der Folge wird er schwer krank, und als wir darüber nachdenken, was geschehen ist, bevor er schwer krank wurde, sagt er plötzlich, sehr peinlich berührt: „Ja, ich habe mich dann doch noch so blöd verliebt." Ich frage dann nach, er erzählt einige Träume mit dieser Frau; es wurde deutlich, daß er von einer tiefen Liebe zu dieser Frau ergriffen war, die sich in den Träumen, die sich in seinen Phantasien zeigte. Er führte aber einen heldenhaften Kampf gegen diese Liebe. Das ist eine „Pflichtenkollision".

Er hat in der Folge seine Situation mit seiner Frau besprochen, und über einige Zeit versuchte er sowohl seiner Frau treu zu sein und gleichzeitig auch diese neue Liebe zu leben; er war hin- und hergerissen, es war eine Zeit, in der er sich sehr veränderte. Er wurde liebevoll und tolerant. Eines Tages verließ ihn seine Freundin, weil sie einen Mann für sich allein haben wollte.

Es ist Praxis der Jung'schen Therapie, daß in einer solchen Situation die Spannungen, die verschiedenen Stimmen in uns sich darstellen dürfen, daß nicht vorschnell eine Entscheidung getroffen wird, sondern daß aus den verschiedenen Stimmungen heraus ein schöpferischer Einfall erwartet wird, der uns dann neue Perspektiven eröffnet. Die Spannung zwischen Bewußtsein und Unbewußtem, die Spannung zwischen den verschiedenen Stimmen ist notwendig für schöpferische Veränderungen, die sich dann in Symbolen und/oder in neuem Verhalten zeigt. Und insofern ist das Erwarten der schöpferischen Veränderung, die deutlich mit Hoffnung verknüpft ist, zu einer

Ganzheit zu finden, unabdingbar mit dem Individuationsprozeß verbunden. Es ist übrigens auch erstes Ziel des Individuationsprozesses, daß der Mensch ein schöpferischer Mensch
wird[18]. Jung meint damit nicht, daß der Mensch sich künst-
lerisch betätigen sollte – das darf er natürlich auch, wenn er
die entsprechenden Qualitäten hat –, sondern daß es uns eben
gelingt, uns immer wieder zu verändern, Probleme zu „überwachsen".

Einseitig und daher weiter entfernt von unserer Ganzheit
als nötig sind wir auch deshalb, weil wir uns zu oft mit unserem biologischen Geschlecht und den damit verknüpften
Rollenerwartungen identifizieren. Individuationsprinzip meint
aber auch, so viel Weibliches und so viel Männliches an uns zu
akzeptieren, wie es in unserem Leben angelegt ist; auch hier
gilt, man selbst zu sein, heißt nicht einfach einem Rollenstereotyp zu entsprechen. Weicht aber unser individuelles
Leben deutlich von der Erfüllung eines allgemeingültigen
Rollenstereotyps ab, dann werden wir auch diese Diskrepanz
nicht übersehen dürfen, wir werden daran leiden.

Die Tugend der Authentizität

Schattenakzeptanz und Integration von Anima- und Animus-
anteilen bewirken, daß wir immer weniger Aspekte von uns
selbst abspalten. Das heißt aber auch, daß wir immer mehr
wir selbst werden, mehr authentisch werden. Authentizität ist
aber zugleich auch eine Tugend. Wir müssen uns um sie
bemühen, d. h. wir müssen bei allem, was wir denken, tun,
wofür wir uns entscheiden, uns fragen, ob das wirklich stimmig ist für uns, ob wir dahinter stehen können. Die Frage, ob
unser Leben stimmig ist, ob wir auch tun, was wir in etwa
meinen, beantwortet uns das Gefühl. Wenn wir ein Gespür
dafür bekommen, was unsere Ganzheit sein könnte, dann begegnen wir auch dem Mitmenschen anders. Im Wissen um
eine größere Vollständigkeit, in der Sehnsucht nach einer
größeren Vollständigkeit, können wir manchmal durch das
Vordergründige, Verschattete eines Menschen hindurch sehr

153

viel mehr, auch seinen Kern ausmachen, ihn eben als Menschen sehen.

Natürlich sind nun diese Tugenden, die ich hier genannt habe, nicht alle vorhanden bei den Menschen, die sich auf einen Individuationsprozeß eingelassen haben. Sie werden angestrebt und auch verfehlt. Gemäß dem Individuationsprinzip können auch einzelne Tugenden für den einen Menschen wesentlicher sein als andere.

Im Individuationsprozeß bahnt sich immer ein individueller Tugendwandel an, wie es sich in dem Beispiel zeigte, das ich zu Beginn erwähnte. Mir scheint aber, daß viele Haltungen, die im Dienste des Individuationsprozesses stehen, Tugenden sind, die auch kollektiv ihre Bedeutung haben oder haben könnten.

Feindbilder überwinden –
neue Beziehungen finden

Haben Sie auch einen Kollegen oder eine Kollegin, den oder die Sie einfach unmöglich finden, über den oder die Sie über längere Zeit Ungünstiges, ja Skandalöses erzählen könnten? Vielleicht, daß er oder sie faul ist, frech dazu, unverschämt, in Kreisen verkehrt, in denen man einfach nicht verkehrt ... Oder daß er ein Musterknabe der Nation ist, sich ständig in ein gutes Licht stellt, selbstverständlich Interesse an der Arbeit nur heuchelt ... Ihr Urteil ist schwer zu revidieren, denn dieser Mensch ist in Ihren Augen einfach so. Wer das nicht sieht, ist blind. Sie können diesen Menschen aber auch nicht in Ruhe anders sein lassen, er oder sie stört Sie, beschäftigt Sie, regt Sie auf, ärgert Sie. Vielleicht hassen Sie sogar diesen Menschen und reden sich ein, Sie hätten einen gerechten Zorn auf ihn oder auf sie. Das könnte eines Ihrer privaten Feindbilder sein, vielleicht sprechen Sie mit niemandem darüber, vielleicht sprechen Sie abgekühlt dann davon, wenn dieser Kollege oder diese Kollegin ein gutes Wort brauchen würde. Ein Feindbild, schwer zu korrigieren, der Träger, die Trägerin dieses Feindbildes hat kaum eine Chance, dieses Bild zu verändern.

Immerhin, stellt man fest, daß andere Menschen diesen Kollegen oder diese Kollegin anders sehen, dann könnte man das eigene Feindbild hinterfragen. Habe ich vielleicht nicht alles gesehen, wäre meinem Bild nicht noch etwas hinzuzufügen? Wenn wir es nicht vermeiden können, mit diesen unangenehmen Menschen in näheren Kontakt zu treten, werden wir feststellen, daß sich das Feindbild nur schwer aufrechterhalten läßt. Nur aus der Distanz läßt sich das Feindbild, das ein Klischee ist, wirklich aufrechterhalten ...

Noch sicherer sind wir, daß unsere Feindbilder berechtigt sind, wenn wir sie mit einer Gruppe von Gleichgesinnten teilen.

Es ist einfach, ein Gespräch über die Verderbtheit der jeweils „heutigen Jugend" anzufangen. Jede Jugend ist dann nie mehr das, was sie früher einmal war. Da ist sie manchmal zuwenig ernsthaft, zu sehr nur auf das Vergnügen aus, zu aufsässig, zu laut, dann wieder zu phantasielos, zu angepaßt. Hat sie gerade einen neuen Modestil geprägt, wird er von den einen verdammt, von den anderen schleunigst übernommen ...

Randgruppen, wie etwa die Zigeuner, werden leicht mit Feindbildern bedacht, ihnen attestieren wir grenzenlose Freiheit und grenzenlose Faulheit – auch wenn das nicht stimmt –, und darum beneiden wir sie, dafür hassen wir sie auch. Je fremder uns Menschen und ihre Lebenswerte sind, um so eher erscheinen sie uns feindlich.

So können Menschen absolut davon überzeugt sein, daß die Asylanten „uns" die Arbeit wegnehmen wollen, daß sie nur zu uns kommen, weil es sich in Europa so luxuriös leben läßt, daß sie sowieso weniger seriös sind als wir, daß die Verbrechensrate – durch sie – gleich steigen wird. Es kursieren viele unbestätigte Gerüchte, etwa über die teuren Hemden, die sie angeblich tragen sollen, und darüber, daß sie es sowieso viel besser haben als ein Durchschnittsschweizer, -deutscher usw.

Im Gegenzug entsteht bei anderen Menschen ein Feindbild des egoistischen Mitteleuropäers, der Probleme, die es in der Welt gibt, nur lösen will, indem er alles weit von sich weist (ausschafft/ausweist), sich in keiner Weise rühren und berühren läßt.

Es gibt unendlich viele Feindbilder, meistens stehen wir nicht dazu, und dennoch trifft man recht oft auf einen Konsens, der nur erklärbar ist durch das gemeinsame Feindbild, etwa wenn plötzlich die Aussage unwidersprochen im Raum steht: Die Frauen nehmen uns die Chefposten weg ...

Die Aufzählung könnte weitergehen. Wir haben viele Feindbilder. Die Frage „Brauchen wir Feindbilder?" hat etwas Suggestives. Da wir in der Regel Feindbilder haben, private, verschwiegene, aber auch mehr kollektive, die wir zumindest mit der sozialen Gruppe, der wir uns zugehörig fühlen, teilen, sollen sie auch nützlich sein oder zumindest unvermeidbar. Ist dem wirklich so?

Wenigstens ist die Rede von Feindbildern, von Bildern also, die wir uns machen, die in unserer Vorstellung entstehen und da auch wirksam sind, u.a. in feindseligen Gefühlen, die daraus entstehen. Da unsere Bilder der Welt, also auch die Feindbilder, in unsere Verantwortung gehören, müßten wir an ihnen arbeiten, sie sind nicht unveränderbares Schicksal.

Aber lassen wir uns nicht Sand in die Augen streuen: Je deutlicher wir ein Feindbild erleben, um so eher sind die Menschen, auf die dieses Feindbild projiziert wird, in Gefahr, eindimensional als Feinde gesehen zu werden, Feinde, die uns schaden könnten, die uns beeinträchtigen könnten, gegen die wir uns wehren müssen. Da unser Feindbild uns in unserer Wahrnehmung immer feindseliger werden läßt, nehmen wir diese Träger und Trägerinnen des Feindbildes nur durch die Brille der Feindseligkeit wahr, d.h., man sieht nur noch, was diese feindseligen Gefühle rechtfertigt, nicht aber, was diesen widerspricht. Nicht hinterfragte Feindbilder machen Menschen zu Feinden, die wir dann natürlich bekämpfen müssen, und damit sind wir bereits in die Spirale der Gewalt eingetreten. Indem wir aber von Feindbildern sprechen und mit dieser Ausdrucksweise einerseits die brutale Beziehungsthematik, die damit verbunden ist, verschleiern – da verstehen sich nämlich die einen Menschen als die „guten" und erklären andere zu „schlechten", nehmen sich damit das Recht, diese Schlechten auszugrenzen, ihnen ihre Lebensgrundlagen zu entziehen usw. –, kann anderseits gerade durch diese Benennung auch die Diskussion darüber stattfinden. Wir sprechen nicht von objektiv vorhandenen Feinden, wir sprechen von Feindbildern, die, obwohl vorhanden und immer wieder neu entstehend, als Klischees im Sinne der Schwarzweißmalerei in sehr erschreckender Weise immer wieder neu erlebbar werden, dennoch auch hinterfragt werden müssen und auch können.

Die Frage wäre also: Wozu dienen uns die Feindbilder, wovor bewahren sie uns? Welche Prozesse werden durch die Feindbilder in Gang gehalten? Wie könnten wir mit unseren Feindbildern umgehen, daß weniger Schaden im Zusammenleben der Menschen entstünde, daß Menschen solidarischer sein könnten?

Das Feindbild entsteht durch die Projektion des Schattens

Bei unseren individuellen Feindbildern ist leicht ersichtlich, falls wir hinzusehen wagen, daß die Menschen, auf die wir das Feindbild projizieren, etwas verkörpern, das wir an uns selbst auch erleben, das uns aber peinlich ist, uns ängstigt, das wir nicht mit unserem Selbstbild vereinen können, oder das wir uns nicht erlauben. Diese Menschen verkörpern unseren Schatten (Jung). Ist für uns Fleiß ein Wert, dann ist Faulheit das, was wir fürchten oder insgeheim uns erlauben möchten. Natürlich ist niemand auf der Welt nur fleißig, wir alle haben auch Anlagen zur Faulheit; wenn die aber nicht gelebt werden dürfen, weil man sonst z. B. die Selbstachtung verlieren würde oder die Bedeutsamkeit, dann müssen die Menschen, die weniger arbeiten auf dieser Welt, gebrandmarkt und allenfalls auch verfolgt werden. Je mehr man gegen die eigene Faulheit ankämpfen muß, um so mehr werden einen die Menschen ärgern, die offenbar ohne Schuldgefühle einen etwas weniger leistungsorientierten Lebensstil pflegen. Würde man sich den Neid auf diese Menschen eingestehen und sich fragen, ob denn der eigene Lebensstil so ganz und gar stimmt, man hätte eine Chance, eine Kurskorrektur im Leben anzubringen. Solange wir unseren Schatten aber projizieren, können wir nichts verändern.

Derselben Ecke entstammt der unfreundliche Blick auf die jungen Erwachsenen: Sie leben oft Seiten, die sich die ältere Generation versagt hat, sie müssen diese Seiten leben, um sich von der Elterngeneration abgrenzen zu können. An ihnen können wir unseren Schatten sehen und da auch bekämpfen, und die Jugendlichen sehen im Gegenzug ihren Schatten an den Erwachsenen.

In unserem Schatten finden wir aber nicht nur Eigenschaften, die unserem Ich-Ideal entgegenstehen, die wir nicht mit unserem Selbstbild vereinen können, die aber dennoch vorhanden sind, und die wir eisern bekämpfen, indem wir ihn eben an den anderen Menschen sehen. In unserem Schatten ist auch vieles, das uns fremd erscheint, das wir an uns nicht kennen, nicht kennen wollen. Wir Menschen sind uns immer auch fremd. Das Fremde ängstigt uns aber und wird leicht zum feindlichen Fremden in uns. Angst ertragen wir schlecht, uns Menschen ist es möglich, diese Angst abzuwehren, indem wir das uns Ängstigende auf andere Menschen projizieren, also in ein Feindbild z. B. bannen, damit wir uns nicht damit auseinandersetzen müssen.

Der Schatten zeigt uns, daß wir nicht nur so sind, wie wir uns gerne sehen würden, sondern er konfrontiert uns damit, daß wir gerade das, wogegen wir uns bewußt immer wieder entscheiden, dennoch in unserer Seele auch vorfinden. Schattenakzeptanz bedeutet zu sehen, daß der Schatten zu uns gehört und damit zu vermeiden, daß wir ihn projizieren, oder zumindest die Bereitschaft, die Projektionen auch immer wieder zu hinterfragen. Das bedeutet aber Konflikt, Kränkung unseres Selbstwertgefühls, einmal akzeptiert, dann aber auch Entlastung, Freiheit und Stärkung unseres Selbstwertgefühls. Einen Konflikt bedeutet es, weil wir damit akzeptieren müssen, Seiten zu haben, die wir zutiefst verabscheuen, die wir aber doch nicht verbergen können, weil sie in unserem Handeln sichtbar werden. Es kränkt uns in unserem Selbstwertgefühl, solange dieses darauf beruht, daß wir uns nur mit den guten Vorstellungen von uns selbst identifizieren. Entlastung erleben wir durch die Akzeptanz des Schattens, weil wir nicht ständig Seiten an uns verdrängen müssen, Seiten, die sehr oft mit einer großen Lebendigkeit verbunden sind. Wir müssen uns nicht ständig besser geben, als wir sind. Der Schatten ist nämlich nicht nur das, was wir üblicherweise als moralisch böse bezeichnen. In diesen Seiten, die wir nicht akzeptieren, die z. T. auch gesellschaftlich nicht akzeptiert werden, liegt zwar oft etwas, was uns gefährlich werden kann, oft aber auch etwas außerordentlich Lebendiges.

Die Akzeptanz des Schattens hat weitreichende Konsequenzen. Wenn wir unseren Schatten kennen, seine Existenz akzeptieren und verantwortlich damit umgehen, dann rechnen wir auch mit dem Vorhandensein von Schatten in anderen Menschen. Wir gehen wohlwollender mit Schwächen und Fehlern um, werden toleranter. Wäre Schattenakzeptanz ein kollektiv akzeptierter Wert, würde es auch einfacher sein, zu Fehlern zu stehen. Diese Toleranz oder Solidarität müße sich gerade auch auf Randgruppen ausweiten. Die Akzeptanz des Schattens hätte also sozialpsychologische Konsequenzen.

Auch auf der politischen Ebene hätte Schattenakzeptanz ihre Bedeutung. Wir projizieren den Schatten gerne auf fremde Menschen, damit wir uns nicht mehr mit dem Schatten auseinandersetzen müssen und ein stabiles Feindbild haben. Diese Feinde fürchten wir dann so sehr, daß wir ganze Armeen dagegen aufstellen lassen. Diese Zusammenhänge sind in den letzten Jahren immer mehr von großen Teilen der Bevölkerung erkannt worden.

Das Feindbild wird jetzt nicht mehr so sehr auf eine feindliche Macht projiziert, die uns überrollen könnte, sondern eher auf die Menschen, die in ihren Ländern keine Lebensgrundlage mehr finden und in einer Art Völkerwanderung zu uns kommen. Die Fremden werden als außerordentlich bedrohlich erlebt, weil sie ja faktisch zu uns kommen, bei uns eine neue Heimat suchen. Gefühle des Beeinträchtigtwerdens werden wach, d. h., Angst um die eigene Lebensgrundlage wird deutlich bemerkbar, Angst, eigene Vorteile zu verlieren. Aus diesen Gründen wird ein Feindbild auf diese Menschen projiziert, werden sie gehaßt, von einigen mit blankem Haß verfolgt. Wenn wir aber das Feindbild projizieren, ist ein Dialog unmöglich; sind die wirklichen Probleme nicht auszumachen, wird der einzelne Mensch in seiner Würde nicht erkannt. Solidarität wird dann zu einem Fremdwort. Je mehr Aggressionen wir auf andere projizieren, um so mehr Angst werden wir vor ihnen haben, um so mehr Aggressionen werden wir einsetzen, um uns vor dieser Angst zu schützen.

Es bleibt das Gesetz: Je mehr Angst wir haben, desto leichter sind wir bereit, unsere Feindbilder zu projizieren und die vermeintlichen Feinde zu bekämpfen. Wer selbst seinen Schatten so leicht abspaltet und projiziert, muß von den anderen Menschen dasselbe erwarten. Auch er oder sie hat keine Solidarität zu erwarten, sondern Kampf, Auge um Auge, Zahn um Zahn.

Das Feindbild wird zur Stabilisierung des Selbstwerts und zur Kittung eines brüchigen „Wir-Gefühls" benutzt

Das Feindbild ist nicht nur eine Folge davon, daß wir unseren Schatten nicht wahrhaben wollen und ihn projizieren, es hat auch die Wirkung – wie jeder aggressive Akt –, daß wir uns abgrenzen von den anderen, daß wir uns selbst definieren im Unterschied zu den anderen. Wir sind dann gut, die andern sind schlecht, oder wir sind richtig, im Unterschied zu den anderen, die irgendwie falsch sind. Ist das Selbstbewußtsein eines Menschen oder eines Volkes schlecht, kann durch das Feindbild und das damit verbundene Entwerten von fremden Lebensformen die eigene Lebensform als gut und wünschenswert hingestellt werden. Im Falle von kollektiven Feindbildern ergibt sich dann vorübergehend ein sicheres „Wir-Gefühl", das vermeintlich alle Ängste beschwichtigt. Deshalb können auch Wahlen gewonnen werden, indem man das kollektive Feindbild verstärkt und verspricht, gegen diese „Gefahr" zu kämpfen. Wer allerdings seiner Identität sicher und mit seiner Lebensform einverstanden ist, kann fremde Lebensformen konkret und differenziert betrachten und tolerieren. Es gäbe auch ein „mutiges Wir", das durch die Besinnung auf die eigene Kompetenz, Probleme anzugehen, miteinander entsteht und den Selbstwert nicht aus der Entwertung von anderen bezieht.

Es kann immer wieder sehr wichtig sein, daß wir uns auf

unsere Identität zurückbesinnen, daß wir wissen, daß wir uns auch von anderen Menschen unterscheiden.

„Heute bist du meine Feindin", sagte ein achtjähriges Mädchen zu seiner Mutter, als diese dem Mädchen den Nachmittag verderben wollte. „Aber", fügte es an, „morgen bist du dann wieder meine Mutter." Von dieser Aussage könnte gelernt werden, daß das Aufbauen eines Feindbildes, das in diesem Fall zur Stärkung der Eigenaktivität und damit zur Identität des Mädchens führte und zur Abgrenzung von der Mutter, zwar für einen Nachmittag wichtig war, nicht aber aufrechterhalten werden wird.

Abgrenzung heißt auch nicht notwendigerweise, daß man die Menschen, von denen man sich abgrenzt, zu Feinden machen muß. Man kann sich auch von Freunden abgrenzen, die man akzeptiert, von denen man aber weiß, daß sie sich von uns unterscheiden. Daß andere Menschen andere Werte vertreten, heißt nicht, daß unsere Werte nicht auch gelten.

Ein Mißverständnis

Daß das Errichten von Feindbildern besondere Kräfte freisetzt, also besonders zur kreativen Verwirklichung anregt, scheint mir sehr fraglich zu sein, und die großen Nachteile und die große Unmenschlichkeit, die mit dem Etablieren von fixfertigen Feindbildern verbunden sind, niemals zu rechtfertigen. Aus der Geschwisterforschung kennt man in etwa die Bedingungen, unter denen sich Geschwister nicht destruktiv neidisch, sondern konstruktiv rivalisierend entwickeln, d. h., daß sie einander Ansporn sind und einander auch zu kreativen Leistungen stimulieren. Die Bedingung dafür ist, daß in den Familien ein Klima der Akzeptanz herrscht, daß die Kinder in ihrer jeweiligen Eigenart akzeptiert werden, und daß man von jedem erwartet, daß es etwas Besonderes beitragen kann. Es sind Kinder aus Familien mit einer „Wir-Atmosphäre", wo nicht die Schwächen im Vordergrund stehen, diese aber auch nicht verdrängt werden müssen, sondern das Vertrauen in die speziellen Fähigkeiten jedes Kindes. So gesehen erleben die Kinder, daß

162

sie zwar ähnlich sind, aber auch verschieden, und daß sie so einander Herausforderung sein können zum gemeinsamen Wachsen. Versicherung in der eigenen Identität muß nicht dadurch erfolgen, daß man alle negativen Eigenschaften auf andere Menschen projiziert, eigener Selbstwert muß nicht daraus entstehen, daß man andere Menschen entwertet.

Wir werden immer wieder in der Gefahr sein, Feindbilder zu entwerfen, weil wir immer wieder mit Fremden, mit nicht zu Akzeptierendem in unserer Psyche konfrontiert sind. Je mehr es uns deutlich wird, daß Schattenakzeptanz zum Leben gehört, werden wir auch bereit sein, diese Feindbilder zu hinterfragen, wir werden spüren, daß wir uns ein Mehr an Lebendigkeit sichern, wenn wir diese Feindbilder hinterfragen.

Wir werden auch immer wieder aus Angst um unsere Lebensgrundlagen Feindbilder entwerfen. Wir werden unser schlechtes Selbstwertgefühl, als einzelner oder auch als Volk, rasch durch Feindbilder konsolidieren wollen. Durch Feindbilder werden Parteien immer auch wieder Wähler und Wählerinnen einen.

Aber Feindbilder sind abstrakt, klischeehaft, ungerecht. Feindbilder – und auch Freundbilder verdecken die Realität mehr, als daß sie sie enthüllen. Sie verdecken die einzelnen Menschen, verschleiern Probleme.

Wir werden aufmerksam sein müssen, wo wir unseren Feindbildern verfallen, ob sie zur Abwehr von Schatten, von Seiten, die wir an uns kennenlernen sollten, und/oder zur Bildung einer sicheren Identität dienen, die wir nur dadurch zu erreichen glauben, indem wir andere Menschen entwerten und sie dafür hassen. Wir werden andere Wege finden müssen, um mit unserer auch berechtigten Angst umzugehen.

Unsere Feindbilder sind dazu da, uns diese Fragen zu stellen. Haben wir uns diese Fragen gestellt, dann können wir auf sie verzichten. Wir können es nicht vermeiden, daß wir Feindbilder entwickeln, aber wir können dafür sorgen, daß diese Feindbilder immer wieder hinterfragt, revidiert werden und dadurch nicht zu heiligen Überzeugungen werden, die ungerechtes Handeln rechtfertigen.

Frauenfreundschaft –
Erleben neuer Beziehungswerte

Frauen sind seit Jahrtausenden Freundinnen. Frauen waren und sind sich beste Freundinnen, verläßliche Gefährtinnen, sie haben sich emotional, instrumentell und wirtschaftlich unterstützt – und sie werden es weiter tun. Keine neue Beziehungsform also. Vielleicht aber eine Beziehungsform, die man lange unterschätzt hat, möglicherweise absichtlich entwertet, wie vieles, was von Frauen gelebt und geschaffen worden ist? Die Freundschaft zur besten Freundin oder zu den besten Freundinnen – „beste" ist hier eine Qualitätsbezeichnung und nicht ausschließlich gemeint – steht denn auch bei vielen Frauen noch in einem seltsam anmutenden Widerspruch: Sie wird als emotional nährend erlebt, ein Ort, wo die Frau als Frau wirklich einen Platz hat in dieser Welt, die Beziehung wird auch als hilfreich herausfordernd erlebt, hier wird die Frau für sich allein, nicht in Beziehung auf einen Mann hin, erlebt, befragt, hinterfragt. Und dennoch fällt gelegentlich der Satz: „Wenn ich eine Beziehung habe, spielt meine beste Freundin keine so große Rolle ..." Die Frauen zwischen 20 und 30 Jahren ärgerten sich bei unserer Befragung, wenn ihnen ein solcher Satz herausrutschte[1].

Eine Beziehung also, die sehr befriedigend ist, ganz wichtig für die emotionale Zuwendung, für Hilfestellung im Alltag und für die Herausforderung, wirklich sie selbst zu sein – und dennoch so leicht zu entwerten, wenn ein Mann auftaucht? Warum muß diese Beziehungsform entwertet werden? Für wen ist sie gefährlich?

Wenn wir uns die Frage nach neuen Beziehungsformen stellen, vielleicht auch Visionen entwickeln wollen, wie neue Beziehungsformen aussehen und welchen Werten sie verpflichtet sein könnten, scheint es mir sinnvoll, die Werte herauszuarbeiten, die in befriedigenden menschlichen Beziehungsformen wie z. B. in der Frauenfreundschaft gelebt und erprobt sind. Diese Werte könnten dann als allgemeine Werte einer Beziehungskultur gelten, von der ich meine, daß sie Bezogenheit in den Vordergrund stellt anstelle des narzißtischen Allmachtgebarens, Beziehungskultur statt Konkurrenzkultur.

Selbstverständlich müssen auch die Schwierigkeiten, die mit dieser Form der Beziehung verbunden sind, herausgearbeitet werden, damit die schwierigen Punkte einer Beziehungskultur auch schon angemerkt sind.

Die Beziehung zur besten Freundin

Deborah Belle[2], eine amerikanische Soziologin, weist in einer sehr groß angelegten Studie nach, daß Frauen neben dem größeren Engagement in nahen, vertrauensvollen Beziehungen auch mehr instrumentelle Hilfe bei anderen Frauen zur Bewältigung ihrer Lebensaufgabe suchen und finden und auch verhältnismäßig viel Befriedigung daraus ziehen, sich diese Nähe und Unterstützung zu geben. Belle weist nach, daß der Grad der erhaltenen täglichen Hilfestellung, verbunden mit der Möglichkeit, die eigenen Gefühle auszudrücken, mit einem Gefühl von erhöhter Selbstschätzung und dem Gefühl der Kompetenz verbunden ist. Je ausgeprägter diese Gefühle waren, umso mehr waren die Frauen davon überzeugt, das Leben sinnvoll bewältigen zu können, umso weniger zeigten sich Symptome von Depression und Angst. Belle ist es allerdings auch wichtig, auf die Kosten solcher vernetzter Lebenssituationen, in denen sich Frauen gefühlsmäßige und tatkräftige Unterstützung geben, hinzuweisen. Frauen können durch die emotionale Befindlichkeit ihrer Freundinnen angesteckt werden, der Kummer der einen ist der Kummer der anderen, die soziale Not der einen ist die soziale Not der anderen. Was dennoch bleibt, ist die Tatsache, daß Frauen, die beste Freundinnen haben, in Streßsituationen weniger allein sind, weniger

Angst und Depressionen entwickeln und Gefühle der erhöhten Selbstschätzung und Kompetenz haben. Für Frauen scheint zu gelten, daß Selbstvertrauen nicht primär mit Unabhängigkeit zusammenhängt, sondern mit der Fähigkeit zu wissen, an wen sie sich vertrauensvoll wenden können, wenn es notwendig ist[3].

Um näher herauszufinden, was denn das Spezielle an den Beziehungen zur besten Freundin ist, haben wir 100 halbstrukturierte Interviews mit Frauen zwischen 19 und 73 Jahren durchgeführt. Wir haben gezielt Frauen gesucht, die eine Beziehung zu einer oder mehreren besten Freundinnen haben und sie danach gefragt, wie oft die Frauen Kontakt haben, welche Lebensbereiche sie miteinander teilen, welche Bedeutung es für sie hat, daß die Freundin eine Frau ist, welche Knackpunkte der Beziehung sie erleben, ob sie einen Wunsch nach Zusammenleben haben und ob sie von ihrer Freundin träumen. Die Frauen hatten im Durchschnitt 2,7 beste Freundinnen, die durchschnittliche Dauer der Freundschaften war 7,7 Jahre, wobei die längste Beziehung 68 Jahre überdauerte. 67 der 100 befragten Frauen haben zum Zeitpunkt der Befragung eine Beziehung zu einem Mann. 8 Frauen haben oder hatten eine lesbische Beziehung zu ihrer besten Freundin oder könnten sich auch vorstellen, eine solche einzugehen. 79 Frauen leben in irgendeiner Weise mit anderen Menschen zusammen.

Anschließend haben wir 20 Partner von befragten Frauen interviewt, um herauszufinden, welche Lebensbereiche die Frauen aus ihrer Sicht teilen, welche Beziehungsbedürfnisse von der besten Freundin ihrer Frauen oder Freundin abgedeckt werden, und worauf sie gelegentlich neidisch sind.

Von den 100 Interviews mit Frauen waren nach meiner Einschätzung etwa 20 deutlich idealisierend, schon fast Beschwörungen. Das war auch daran ersichtlich, daß in diesen Interviews kaum Knackpunkte angesprochen wurden. Es waren aber auch die Interviews, bei denen die gegenseitige Beziehung kaum im Vordergrund stand, viel mehr der dringliche Wunsch, eine ideale Freundin möge zur Verfügung stehen.

In der Zwischenzeit haben wir auch 1000 Frauen danach befragt, ob sie eine oder mehrere beste Freundinnen haben (Straßenbefragung in einer größeren deutschen Stadt). Insgesamt gesehen, haben 78,9 % der Befragten zwischen 17 und 80 Jahren angegeben, eine beste Freundin zu haben, 21,1 % haben keine.

Die Aussagen, die ich im folgenden mache, haben nur Gültigkeit für Frauen, die eine oder mehrere beste Freundinnen haben.

Was sind die Kennzeichen der besten Freundin?

Auffallend war, daß im Laufe der Interviews herausgearbeitet wurde, was denn überhaupt die beste Freundin auszeichnet.

Bei ihr ist Nähe geistig, gefühlsmäßig, körperlich erlebbar, Wärme, Geborgenheit und Vertrauen. Bei ihr fühlt sich die Frau sicher und akzeptiert, auch wenn sie etwas macht, das die Freundin nicht versteht. Sie darf schwach und stark sein, kann sich auf die Freundin verlassen in guten und in schlechten Tagen. Die Beziehung zur besten Freundin beschreibt einen relativ angstfreien Raum, in dem die Frauen herausfinden können, wer sie sind, sie sind herausgefordert, sie selbst zu sein, immer mehr sie selbst zu werden – ein großes Maß an Offenheit ist möglich und gefordert.

Die beste Freundin ist die, die am verläßlichsten ist über eine längere Zeit, bei der am wenigsten Vertrauensbrüche vorgekommen sind, oder bei der zumindest das Vertrauen auch wieder hergestellt werden konnte. Es ist auch die, bei der am wenigsten Neid zu fürchten ist, oder wo Neid in der Beziehung angesprochen und aufgearbeitet werden kann. Die Frauen sprechen auch davon, daß diese beste Freundin natürlich auch gelegentlich einen „nervt", daß sie einem manchmal auch ganz und gar nicht gut tut, aber das ist nicht die Regel.

Die beste Freundin ist die, bei der es einem im Moment besonders wohl ist, die einem gut tut, die im Moment Lebens- und Entwicklungsbedürfnisse am besten abdeckt und besonders viel aus dem eigenen Leben weiß. Das ist der Vorteil der

Sandkasten- und Schulfreundinnen. Sie sind Zeuginnen des eigenen Lebens, wissen gelegentlich Dinge, die die Frau selbst vergessen hat. Die beste Freundin hat aber auch die Fähigkeit, bestimmte Seiten in einem zu wecken, sie fordert zur Entwicklung heraus. Kann die eine beste Freundin einen anstehenden Entwicklungsschritt nicht stimulierend mit Interesse begleiten, gibt es immer auch noch eine andere. Es scheint weibliche Lebenskunst zu sein, jeweils die Freundinnen zu finden, die die Seiten abdecken, die gerade abgedeckt werden müssen. Das setzt allerdings einen gewissen Zeitwohlstand voraus, denn diese Freundschaften müssen und wollen gepflegt werden. Sie sind ja nicht einfach befriedigend, weil Frauen von Natur aus viel von Beziehungen verstehen, sondern weil Frauen sehr viel für Beziehungen tun. Natürlich gibt es auch Schwierigkeiten, z.B. Eifersucht unter den einzelnen Freundinnen, aber da kein ungeschriebenes Gesetz besteht, daß eine Freundin alle Lebensbedürfnisse abdecken soll, ist die Situation zumindest einigermaßen entschärft.

Die Beziehungen zu den besten Freundinnen ist zusammenfassend einerseits ein Ort des Vertrautseins und des Vertrauens (von 74% der befragten Frauen explizit erwähnt), es ist aber andererseits auch ein Ort der Herausforderung.

Das hängt damit zusammen, daß Frauen sich gegenseitig nicht fremd sind, Frauen haben eine vergleichbare Sozialisation, vergleichbare Schwierigkeiten in einer Gesellschaft, in der das von Männern Gemachte so viel sichtbarer ist, sie haben eine vergleichbare Geschichte mit ihrem Leib. Obwohl vertraut, haben Frauen auch für Freundinnen fremde Seiten an sich, und die sind anziehend und ängstigend. Je mehr fremde Seiten eine Freundin hat, um so beunruhigender ist sie, um so mehr weckt sie fremde Seiten in der Freundin, um so mehr fordert sie heraus, Selbstanteile an sich zu entdecken, die noch im Dunkeln liegen, und die hier, projiziert auf die Freundin, faszinieren und ängstigen zugleich (von 28% der interviewten Frauen explizit erwähnt). Die Freundin kann zur Personifikation der „geheimnisvollen Fremden" werden, die die geheimnisvollen, noch zu ergründenden fremden Seiten in der eige-

168

nen Psyche der Frau meinen. In diesen Situationen ist auch
eine deutliche erotische Anziehung zu spüren. Das Vertrautsein von Freundinnen untereinander, das gegenseitige Vertrauen drückt sich auch darin aus, daß Körperkontakt für viele
Frauen ein ganz natürlicher Ausdruck dieses Vertrautsein ist.
Körperliche Anziehung spielt bei den meisten Freundschaften
eine gewisse Rolle. Freundschaften beginnen ja zu einem bestimmten Zeitpunkt. Eine Frau muß einer anderen Frau in irgendeiner Weise auffallen, und das tut sie zunächst als ein
leibliches Wesen, das den Wunsch aufkommen läßt, in näheren Kontakt zu ihr zu treten. Nicht selten beginnt eine Freundschaft mit einer ästhetischen Faszination. Und die ist durchaus auch körperlich (auch wenn die Frau mehr über Kleider
spricht). Das sagt aber nichts darüber aus, in welchem Maße
die gegenseitige Zuneigung auch körperlich ausgedrückt wird.
Aus den Interviews wurde deutlich, daß der körperliche Ausdruck von Zuneigung eine große Rolle spielt, je nachdem
natürlich, ob dieser körperliche Ausdruck zu Frauen in der
Lebensgeschichte als erlaubt galt. Es wurde in den Interviews
unterschieden zwischen einer mehr pflegerischen Nähe und
einer mehr spielerischen Nähe. Und es scheint sehr wichtig zu
sein, daß auch der Körper der Frau als solcher, eigenes körperliches Begehren und verschiedene körperliche Ausdrucksmög-
lichkeiten von Zuneigung einer Frau gegenüber – und nicht
nur in der Reaktion auf das Begehren des Mannes – erlebt wird.
Ein wichtiger Aspekt des originären Selbst.

Welche Lebensbereiche teilen beste Freundinnen?

Es geht einmal um praktische Hilfestellung im Alltag, um das
Teilen von Erfahrungen, Sorgen und Nöten. Ebenso häufig
wurde in den Interviews genannt, daß das gemeinsame Genießen von Kultur, das gemeinsame Reisen, das Erleben von
Kunst, die Diskussion von wissenschaftlichen Themen von
großer Wichtigkeit sind. Im Zentrum steht dabei das Gespräch, das sich nicht nur um diese eher sachlichen Themen
dreht, sondern in dem auch vieles gegenseitig über sich selbst

ausgedrückt und erfahren wird. Es sind Gespräche im besten Sinne des Wortes: Zwei Frauen formulieren ihre Wahrnehmungen, Empfindungen und Phantasien, sie hören sich gegenseitig interessiert zu, und dadurch kommen Gefühle und Einsichten zur Sprache, die vorher nicht formulierbar waren. Das Gespräch kann also kreativ sein, ist keinesfalls nur das „Getratsche", als das es entwertend etwa bezeichnet wird. Gegenstand der Gespräche sind Beziehungen: Beziehungen zu den Partnern (42 %), die Beziehung der Freundinnen untereinander (26 %). Zukunftsperspektiven (Kinderwunsch), Gespräche über Therapie, gefolgt von Gesprächen über Politik, kulturelle Ereignisse, Literatur und Spiritualität.

Geht es bei so viel Nähe, Offenheit, Teilen-Können miteinander wirklich um Identitätsfindung oder nur um Identifikation? Die Identifikation mit der Freundin ist dann am größten, wenn die Mutterrolle auf die Freundin übertragen wird. Das ist eine der boshaften Interpretationen der Frauenfreundschaft – auch gelegentlich von Therapeutinnen und Therapeuten vertreten – daß die Beziehung zur besten Freundin eine Verlängerung der Beziehung zur Mutter sei, mithin unreif und reiferen Formen zuzuführen. Nun hat die Beziehung zur Mutter und zu Schwestern, falls vorhanden, einen Einfluß auf die Beziehung zu besten Freundinnen. Wer zu den Frauen in der Kindheit Vertrauen aufbauen konnte, kann es auch als erwachsene Frau, findet auch leicht heraus, welche Frauen sich als Freundinnen eignen, welche nicht, d. h., welchen Frauen die Frau vertrauen kann. Das ist sehr wichtig, um schmerzhaften Enttäuschungen vorbeugen zu können. Wer wenig vertrauensvolle Beziehungen zu den Frauen in der Kindheit aufbauen konnte, wird sich zunächst von Frauen fernhalten. Spätestens in der Lebensmitte scheinen diese aber doch auch für sie interessant zu werden.

Unsere Interviews haben ergeben, daß bei den Frauen unter 30 Jahren 36 % offen oder etwas verdeckt in der Freundin auch eine Mutter suchten, wobei wiederum deutlich wurde, daß etwa 20 % in der Freundin Wesenszüge suchen, die ihrer realen Mutter gerade gefehlt haben (z. B. ein natürliches Selbstvertrauen als Frau). Die Beziehung zur besten Freundin, die Mutteraspekte abdeckt, kann natürlich regressiv sein, die Freundin als die neue, hoffentlich bessere Mutter gesehen werden. Unseren Zahlen zufolge ist das allerdings bei einer kleinen Zahl von Frauen der Fall, es geht eher um eine Ergänzung im Bereich der Muttererfahrungen, die ihrerseits es der Frau dann ermöglichen, mehr sie selbst zu werden. Denn es steht außer Frage, daß Frauen, um zu ihrem originären, d. h. nicht von männlicher Bestätigung abgeleiteten Selbst zu kommen, sich mit der Mutter, dem Mutterkomplex und eigenen mütterlichen Seiten auseinandersetzen und in einen Dialog kommen müssen.

Viel eher als ein über die Zeit hinaus Verweilen im Mutterbereich scheint mir die Beziehung zur besten Freundin ein Ort zu sein, wo Frauen ihre originäre Identität finden können. Immer wieder wurde in den Interviews betont (35 % sagen das explizit), daß die Beziehung zur Freundin der Ort ist, wo die Frau sie selbst sein kann oder herausfinden kann, was sie selbst will, wer sie ist usw. Einmal in dem Sinn, daß die Freundinnen einander nichts vorzumachen brauchen, weil sie einander auch nichts vormachen können. Das gilt besonders für langjährige Freundschaften. Oft aber wurde dieses Selbst-Sein abgegrenzt gegenüber dem Erleben in den Beziehungen zu Männern: Da wird etwa erwähnt, daß die Frau im Zusammensein mit Männern leicht unter Erwartungsdruck kommt, etwas Besonderes sein zu müssen und daß sie sich nicht mehr spontan verhält, sondern unter einem Druck steht, herauszufinden, wie denn der Mann sie am liebsten hätte. Wenn die Frau so erlebt, heißt das, daß sie im Zusammensein mit einem Mann leicht in Gefahr gerät, sich die Identität von ihm verschreiben zu lassen. Das müßten sich auch männliche Therapeuten merken. Diese abgeleitete Identität hat bei der Frau eine Geschichte. Wendet sich ein Mädchen in der Adoleszenz einem Mann zu, der ihr ihre Daseinsberechtigung gibt – als Frau, die einen Mann zu fesseln vermag, wenn sie tut, was man(n) von ihr erwartet –, dann muß sie nicht wissen, wer sie ist. Sie muß ihr eigenes Selbst nicht in Ansätzen gefunden haben, denn unsere Gesellschaft bestätigt ihr, daß sie als Frau eines Mannes eine „richtige" Frau ist , auch wenn sie ihre Identität nicht gefunden hat, auch wenn sie ihr originäres Selbst verrät, auch wenn sie immer wieder darauf angewiesen ist, daß der Mann (oder ein Mann) ihr ihre Identität bestätigt, oder sie ihr gar verschreibt („Du kannst doch in dieser Situation gar nicht so reagieren" ...).

Auf der interaktionellen Ebene taucht laut unseren Interviews ein zusätzliches Problem auf: Frauen können mit Männern nicht so lange über eine Situation sprechen, bis sie herausfinden, was nun wirklich ihr eigenes Interesse ist, da Männer nicht besonders gut zuhören können. Die eigene originäre Identität kann bei der besten Freundin besser erfahren werden, sie wird besser gespiegelt durch eine Frau, wird eher herausgefragt. Es ist aber auch grundsätzlich daran zu denken, daß die Zuneigung zu einer Frau einmal schon eine grundsätzliche Zuneigung zu einem weiblichen Selbst ist, was den Zugang zum eigenen weiblichen Selbst erleichtert, weil es nicht entwertet ist. Frauen mit einem ganz und gar abgeleiteten Selbst eignen sich nicht als Freundinnen. Für sie ist jede andere Frau eine Konkurrentin: Denn wenn sie einen Mann verlieren, verlieren sie nicht nur einen Partner, sondern auch ihre Daseinsberechtigung.

Der Neid der Männer auf die Frauenfreundschaft

Der Neid der Männer, wie wir in den 20 Interviews erfahren haben, bezieht sich auf die selbstverständliche Nähe, die Frauen einander geben können, auf den körperlichen Austausch von Gefühlen, der Frauen erlaubt ist und darauf, daß Frauen in schwierigen Situationen durch die besten Freundinnen selbstverständlich gestärkt werden. Auch die Männer sind der Ansicht, daß Frauen besser zuhören können, deshalb wählen sie sich auch Frauen, wenn sie über etwas länger reden wollen. Es scheint ihnen aber ganz recht zu sein, wenn die Frauen dieses lange Austauschen untereinander pflegen, ihnen wird das leicht zuviel.

Besonders die jüngere Generation der Männer stellt fest, daß die Beziehung ihrer Partnerin zur besten Freundin eine Beziehung ist, die genau so ernst zu nehmen ist wie die Beziehung zwischen ihnen und den Frauen.

„Knackpunkte" in der Frauenfreundschaft – Das Thema der Abgrenzung

In Beziehungen, in denen soviel Nähe möglich ist, soviel Erleben auch an Identifikation, muß Abgrenzung ein Thema sein. Es gehört doch ganz wesentlich zu unserer Identität, daß wir Grenzen haben und selbst Grenzen setzen und uns in unserer Begrenztheit einrichten müssen.

Grenzen haben

In der Regel vermittelt uns unser Körpergefühl, daß wir eigenständige Wesen sind, in unserer eigenen Haut stecken. Dennoch können wir gelegentlich „ganz aufgehen" in einem anderen Menschen. Und dennoch werden wir uns immer wieder auf uns selbst zurückbesinnen müssen. Dieses Sich-Abgrenzen bedeutet, die eigene Befindlichkeit wahrzunehmen und auszudrücken, im Gegensatz oder vielleicht auch nur in der leisen Differenz zur Befindlichkeit des Du. Grenzen haben heißt u. a. auch, sich in einen Gegensatz stellen zu können zu anderen Menschen, zu Beeinflussungen, die von ihnen ausgehen. Das abgegrenzte Ich weiß sich zu unterscheiden von den Ichs der anderen Menschen und kann deshalb auch von einem Du sprechen. Gerade in einer Beziehung, in der die Frau so offen sein kann, emotional so sehr mitschwingen kann und sich verstanden fühlt, ist die Rückfrage auf das eigene Erleben sehr wichtig.

Grenzen setzen

Grenzen zu haben bedeutet auch, daß die Grenzen beachtet werden müssen. Die Frau muß also auch gelegentlich Grenzen setzen. Es geht dabei nicht um starre, sondern um flexible Grenzen, deren Festlegung von der speziellen Beziehung und ihrer Einwirkung auf den Ich-Komplex und von der aktuellen Lebenssituation bestimmt sind. In Situationen, in denen wir eher uns zu verlieren drohen, wie etwa in Krisensituationen, sind die Abgrenzungen notwendiger.

Grenzen zu setzen wird bei uns als ein Akt von Entschlossenheit angesehen, als ein aggressiver Akt. Es wird doch deutlich die eigene Position neben die eines anderen Menschen gesetzt. Die damit verbundene Angst ist Angst vor Liebesverlust. Wenn es aber stimmt, daß die Frau in der Beziehung zur besten Freundin in einem relativ angstfreien Raum sie selbst sein darf, geradezu sie selbst sein *muß*, dann wäre das gerade daran zu verifizieren, ob diese Abgrenzungen erlaubt sind oder nicht. Vielleicht haben wir es hier, wenn die Abgrenzungen schwer fallen, noch mit alten Verlustängsten zu tun, die übertragen werden.

Abgrenzung als Regel in der Beziehungsdynamik

Es gehört zu den menschlichen Beziehungen, daß Phasen, in denen wir uns mehr miteinander identifizieren, sich mit Phasen, in denen wir uns mehr voneinander unterscheiden, abwechseln. Das hängt damit zusammen, daß sich ein Beziehungsselbst[4] konstelliert, wenn wir uns aufeinander einlassen. Dieses ist am ausgeprägtesten in Liebesbeziehungen zu sehen, gilt aber für alle Beziehungen, in denen sich zwei Menschen wirklich aufeinander einlassen. Man hat sich dieses gemeinsame Selbst als die Summe der Erfahrungen und Phantasien vorzustellen, die gegenseitig durch die Beziehung geweckt worden sind und dann auch z. T. im Leben verwirklicht werden. Es geht dabei aber nicht nur um die aktuelle Beziehung, sondern es geht auch um Bilder von Ganzheit, die relativ un-

bewußt die Ideale der Beziehung prägen (Animus- und Anima-
bilder) und in denen Entwicklungspotenzen von beiden beteiligten Menschen angelegt sind. Dieses Beziehungsselbst ist
immer mehr als das individuelle Selbst, aber auch weniger als
dieses; das Beziehungsselbst kann das individuelle Selbst nie
ganz umfassen. Es scheint ein Bewegungsgesetz in Liebesbeziehungen zu sein, daß sich Phasen, in denen mehr dieses
Beziehungsselbst erlebt wird, in denen wir „symbiotischer"
miteinander umgehen, und in denen auch mehr die Geheim-
nisdimensionen der Liebe ausgelotet werden, mit Phasen abwechseln, in denen das indivuelle Selbst betont wird, die als
relative Trennungen erlebt werden. In dieser Situation werden
Grenzen gesetzt, ausgehandelt, werden Differenzen im Erleben angesprochen und auch als wichtig erachtet. Auch in der
Beziehung der Freundinnen konstelliert sich ein Beziehungsselbst, sie müssen sich immer wieder – um dem Individua-
tionsanspruch gerecht zu werden – auf das individuelle Selbst
zurückorganisieren, soll die Beziehung lebendig bleiben[5].

Das aktive Setzen von Grenzen gehört zu dieser Rückorga-
nisation auf das eigene Selbst und ist gleichzeitig Prüfstein, ob
die Beziehung wirklich zur Selbstwerdung anregt, oder ob eher
eine Identifikationsmöglichkeit gesucht wird.

Wir müssen auch mit unseren Grenzen rechnen

Ein Frauenleben kann sich zwischen großer Selbstunterschät-
zung und grandioser Selbstüberschätzung abspielen. Selbstüberschätzung in dem Sinne, daß Frauen grenzenlos gutmütig sein
können, sich grenzenlos verausgaben können, ganz selbst-los
in einer Situation aufgehen. Selbst-los, ohne eigenes Selbst,
ohne ein Besinnen darauf, wo die eigenen Grenzen sind, die
Grenzen an Energie, an Einsatzbereitschaft usw. Frauen können sich einander nur zumuten ohne eine Zumutung zu sein,
wenn sie mit den eigenen Grenzen und den Grenzen der
Freundin rechnen, wenn sie sich auch darauf verlassen können, daß diese angesprochen werden, bevor es zu spät ist.

Der Wunsch nach Nähe und die damit im Zusammenhang

stehende notwendige Abgrenzung ist ein hochsensibler Bereich. Das zeigt sich u. a. darin, daß 38 % der Frauen nicht mit der Freundin zusammenwohnen möchten. Von den 51 % der Frauen, die gerne mit ihren Freundinnen zusammenleben möchten, würden es 23 % vorziehen, dies in einer Hausgemeinschaft zu tun. Wenn die Beziehung zu nah wird, dann sehen sich die Frauen seltener, es werden künstlich Meinungsverschiedenheiten aufgebauscht – das trennt ja bekanntlich – oder ein hinzukommender Mann schafft die Distanz, die anders nicht zu schaffen war. Damit ist dann zwar Distanz geschaffen, aber wohl nicht im Sinne des sich Besinnens auf das eigene Selbst.

In der Beziehung zur besten Freundin wird das originäre Selbst zwar stimuliert, es besteht aber auch die Gefahr, daß aus dem Bedürfnis nach ausschließlicher Nähe das Gefühl für das originäre Selbst gerade wieder verloren geht, das heißt dann aber, daß die Frau nur noch Geborgenheit, aber nicht mehr den Anreiz zur Entwicklung spüren würde. Soll die Freundschaft Bestand haben, muß Abgrenzung so gelernt werden, daß für beide ein Gefühl für Grenzen entsteht, auch ein Gefühl dafür, wann sie die Grenzen eines anderen Menschen in einer unzulässigen – weil nicht eingeladenen – Weise überschreiten. Hinter vielen Krisen in Frauenfreundschaften stecken unbereinigte Grenzkonflikte.

Das Ansprechen von Konflikten

Im Zusammenhang mit der notwendigen Abgrenzung steht das Thema des Ansprechens von Konflikten. Frauen scheinen internalisiert zu haben, daß sie „konfliktscheu" seien. Auf jeden Fall wurde in den Interviews dagegen argumentiert.

Es gibt die erwarteten Äußerungen, daß Frauen Konfliktpunkte nicht ansprechen, aus Angst vor Liebesverlust, aus Angst vor einer Verstimmung, obwohl sie wissen, daß das Nichtansprechen gerade die Verstimmung noch befördern wird, und fast zwingenderweise eine Unterbrechung oder eine Distanzierung in der Beziehung provoziert (4 %).

Immerhin erwähnen dann aber 26 % der Frauen, daß sie Beziehungsprobleme in der Freundschaftsbeziehung ansprechen, und da scheint es gelegentlich auch recht laut herzugehen.

16 % von den befragten Frauen, die das Thema der Auseinandersetzung ansprechen, erwähnen, daß die Freundin, und *nur* die Freundin sie kritisieren darf. Nur von ihr lassen sie sich etwas sagen, weil sie wissen, daß es ihr nicht darum geht, die Freundin zu entwerten, sondern wirklich etwas zu verändern.

Ansatzweise wurde auch ein Modell der Auseinandersetzung formuliert, das vielleicht den Frauen angemessener ist. Ich habe den Eindruck, daß Frauen oft Konfliktscheu angelastet wird, weil sie anders streiten und weniger dieses pingpongartige Spiel der Argumente betreiben, bei dem es darum geht, daß der eine den anderen in die Ecke drängt und letztlich gewinnt. Eine Frau beschreibt, daß sie so lange sich mit ihrer Freundin auseinandersetzt, bis sie sich wieder zusammensetzen können. Auseinandersetzen heißt dann, die Beweggründe zu verstehen, die Verletzungen zu benennen usw. Eine solche Form der Auseinandersetzung ist sehr zeitintensiv. Die Frau wird sie nur führen, wenn ihr die Beziehung sehr wichtig ist. Sonst wird zu dem bewährten Mittel gegriffen: Funkstille, Distanz, gelegentliche Wiederannäherung.

Neid, Rivalität, Eifersucht

In den Interviews sprechen 27 % der Frauen das Problem von Neid, Rivalität und Eifersucht im Sinne von „störenden Problemen" an. In diesem Zusammenhang erweist sich, ob die Freundin auch in ihren starken Seiten gesehen und genossen werden kann. 4 % der Frauen erwähnen ausdrücklich, daß die Frau als beste Freundin zu bezeichnen ist, bei der nicht, sobald der einen etwas gelingt und glückt, Gefühle des Neides, oder zumindest nur eine harmlose Form davon, geweckt werden. Bei ihr können Freude über Erfolge geteilt werden und allenfalls aufkeimender Neid kann in ein konstruktives Rivalisieren überführt werden.

Gefühle des *Neides* setzen uns in einen für uns wenig schmeichelhaften Gegensatz zur beneideten Person. Der Neid hätte die Funktion, uns deutlich zu machen, daß wir mit uns selbst nicht mehr einverstanden sind, er wäre ein Anruf an unser originäres Selbst. Machen wir genug aus unserem Leben? Machen wir das, was wirklich zu uns gehört? Es kann auch der Anruf sein, unser Selbstbild zu korrigieren, unsere Grenzen zu akzeptieren und innerhalb der Grenzen unser Land zu bebauen. Neid ist ein äußerst unangenehmes Gefühl, es wird deshalb verdrängt, wir idealisieren dann unqualifiziert, oder wir entwerten, notfalls nicht nur die Neiderregerin, sondern gleich das ganze Leben.

Aus der Geschwisterforschung weiß man[6], daß Neid dann am leichtesten in konstruktives *Rivalisieren* überführt werden kann, wenn zwischen den Neidgefährten eine Wir-Beziehung herrscht oder hergestellt werden kann, wenn die Neiderin also in dieser Situation nicht ausgestoßen wird. Das müßte in einer Frauenfreundschaft bei so viel Nähe und einem deutlich wahrnehmbaren Wir-Gefühl möglich sein, setzt aber voraus, daß der Neid auch angesprochen wird.

Die Konkurrenz bezieht sich auf das Aussehen, das Wesen der besten Freundin, auf die Beliebtheit bei Männern und Frauen, auf das Haben bzw. Nichthaben von Kindern, auf den beruflichen Erfolg, besonders bei den jüngeren Frauen. Die Frauen ärgern sich über ihre Konkurrenzgefühle, denn zu ihrem Selbstbild gehört, daß sie gewährend sind und der Freundin den Erfolg gönnen. Wird das Gefühlsdilemma, in dem sich die Frau vorfindet, formuliert, besteht eine gute Möglichkeit, daß sich die beiden auch in dieser Situation wiederfinden.

Die *Eifersucht* wird eher am Rande erwähnt, nämlich Eifersucht der Freundinnen untereinander, v. a. aber die Eifersucht der männlichen Partner auf die Freundin. Falls Entscheidungen gefällt werden müssen, wird die Freundin „geopfert". In den Interviews wird auch die Eifersucht auf die Freundin genannt, wenn der Partner diese sehr attraktiv findet. Wie mit der Eifersucht umgegangen wird, kam in den Interviews wenig zum Ausdruck. Unterschwellig schwingt die Aussage mit, daß der Partner ein Recht auf Eifersucht habe, die Freundin aber nicht. Warum eigentlich?

Frauenfreundschaft – Fundgrube neuer Beziehungswerte?

Es könnte bei den Frauenfreundschaften um mehr als um das Finden einer originären weiblichen Identität und um emotionale und instrumentelle Unterstützung gehen. Werte, die in dieser Beziehung angestrebt und z. T. verwirklicht werden, könnten zu allgemeinen Werten einer Beziehungsutopie erklärt werden, denen nachzuleben sich lohnen würde, will man Beziehung wirklich mehr in den Mittelpunkt unseres Interesses stellen und Beziehung als zentralen Wert erklären. Es wären Werte, die den Menschen, Frauen und Männern, sowohl Geborgenheit als auch Anreiz zu Entwicklung bieten würden.

Ich habe diese Werte für die Verallgemeinerung aus den Interviews herausdestilliert. Die Werte stehen nicht als einzelne da, sondern miteinander in Beziehung, sie sind vernetzt. Zentral ist der Wert der *Achtsamkeit*.

Achtsamkeit

Mit Achtsamkeit[7] meine ich, daß Freundinnen einander sehen, wahrnehmen, Zuwendung geben, Gefühle der Zuneigung ausdrücken und auch annehmen, emotional echt und offen auf eine Situation zu reagieren, Kritik üben im besten Sinne, nämlich auf eine Verbesserung der Situation hin und nicht aus Entwertungsgründen aus Konkurrenzgefühlen heraus.

Dieses Sehen und Gesehenwerden, auch in dem, was einem primär nicht paßt, bestärkt aktuell das Gefühl der Identität und gibt ein Gefühl von Wirklichkeit und Daseinsberechtigung. Zur Achtsamkeit gehört Respekt vor der Persönlichkeit des anderen. Achtsamkeit ist so besehen eine Werthaltung, die dem Dominieren über einen anderen Menschen und dem Bestimmenwollen über andere entgegensteht, die bedeutet, auch

179

in sich selbst gegen die Haltungen des Dominierens und Bestimmens anzukämpfen.

Die Achtsamkeit ist eine Werthaltung, die auf Gleichwertigkeit beruht und einer Haltung des Akzeptierens, des Förderns, des Schützens und des Konfrontierens entspringt.

Achtsamkeit ist von allen Beteiligten gefordert, auch Achtsamkeit auf die eigenen Gefühle. Werden Gefühle des Ärgers und der Feindseligkeit nicht eingebracht, wird die Achtsamkeit gemindert; werden die Gefühle der Zuneigung nicht eingebracht, kann die Achtsamkeit leicht zu einer Form der Überwachung verkommen.

Achtsam kann nur sein, wer mit den eigenen Enttäuschungen umgehen kann, wer akzeptiert, daß das Leben Bewegung ist, daß nichts für immer gegeben ist, auch nicht das Wesen der besten Freundin oder das Wesen dieser engen Beziehung. Achtsamkeit könnte nicht nur ein zentraler Wert im Umgang mit den Menschen sein, sondern auch mit der Natur. Achtsamkeit ist eine Form der fördernden Liebe zum Leben und zum Lebendigen. Zur Achtsamkeit hinzu kommt der Wert der *Verfügbarkeit*.

Verfügbarkeit

Ich gebrauche diesen Ausdruck im Sinne der „disponibilité" von Gabriel Marcel[8], eine Haltung, die es zuläßt, daß das Leben von uns Besitz ergreift und uns auch verbraucht, daß Ideen, Gedanken, Phantasien von uns Besitz ergreifen und auch ein Recht haben, teilweise verwirklicht zu werden. Auch läßt diese Haltung zu, daß das Leben eines uns nahestehenden Menschen über unser Leben verfügt, nicht in dem Sinne, daß dieser andere Mensch als solches es wäre, der über unser Leben verfügen dürfte, eben gerade nicht – das verböte die Achtsamkeit –, sondern daß es die Beziehungsnotwendigkeiten sind, die dazu führen, daß das eigene Leben von ihnen beeinflußt ist, beeinflußt sein darf.

Im konkreten Alltag heißt das, daß die Freundin fast jederzeit auf ein Problem hin, eine Hilfestellung oder auf eine

Überlegung hin angesprochen werden kann. Es ist möglich, sich gegenseitig zuzumuten, ohne eine Zumutung zu sein. Man kann aufeinander zählen.

Verfügbarkeit als Wert meint darüber hinaus, auch offen zu sein für neue Ideen, sich durch neue Ideen und neue Gedanken in Frage stellen zu lassen und sich nicht dagegen abzusperren. Sich der Offenheit der Zukunft zu stellen und damit auch zu hoffen heißt, sich nicht der Gewohnheit zu beugen.

Damit Verfügbarkeit eine Haltung wird, die sich dem Leben bereitwillig zur Verfügung stellt, und sich nicht ständig sperrt gegen jede Veränderung, gegen jede Anforderung, aber auch nicht verkommt zu einer Situation des Ausnutzens und Ausgenutztwerdens, müssen wir lernen, uns abzugrenzen, unsere Grenzen und die unserer Mitmenschen zu akzeptieren, auch im Verfügbarsein. Dies heißt aber wiederum auch, achtsam mit uns und den anderen Menschen umzugehen.

Die Haltung der Verfügbarkeit läßt den Reichtum des Lebens sich erst richtig entfalten und führt zu einem Staunen darüber, was alles möglich ist im menschlichen Leben – sie ist sozusagen die Kehrseite der Resignation oder der Langeweile. Zu Achtsamkeit und Verfügbarkeit hinzu kommt *Verläßlichkeit*.

Verläßlichkeit

Achtsamkeit und Verfügbarkeit werden erst wirklich zu Werten, wenn man sich in den Beziehungen auch darauf verlassen kann, daß das Werte sind, die dem anderen Menschen auch wichtig sind.

Sich verlassen können aufeinander – im Gegensatz zu einander ständig verlassen – hat deshalb Bedeutung, weil die Bindung, die Nähe, die Geborgenheit auf Gegenrecht hin wichtig sind, ebenso wie die emotionale Verbundenheit in ihrer Bedeutung für das gute Lebensgefühl, das Gefühl einer Lebenssicherheit, als Möglichkeit auch der Angst begegnen zu können.

Verläßlichkeit meint den Willen zur Kontinuität durch alle Konflikte hindurch, meint aber auch, die Beziehung verantwortlich zu leben: Man übernimmt Verantwortung für die Beziehungsprozesse, die im Gange sind.

Diese Verläßlichkeit auch als Wille zur Kontinuität und damit auch zum Wachsen einer Beziehung muß sich immer wieder in punktueller Verläßlichkeit erweisen. Verläßlich sein im Einhalten von Versprechungen, verläßlich sein in der Echtheit der emotionalen Reaktionen usw. Die Verläßlichkeit wird immer wieder neu definiert unter den Menschen, die miteinander eine Beziehung eingehen, indem sie Konflikte miteinander austragen, in denen es um Unzuverlässigkeit geht, aber auch um das Thema des Verlassenwerdens, denn Unzuverlässigkeit ist eine Form des Verlassenwerdens. Sich Verlassen und sich wieder neu Einlassen aufeinander muß als Bewegung auch in guten Beziehungen verstanden werden, wobei das wieder neu aufeinander Einlassen im wesentlichen im Einlassen auf den Konflikt, der durch die Unzuverlässigkeit aufgebrochen ist, besteht.

Achtsamkeit, Verfügbarkeit und Verläßlichkeit werden in den Beziehungen zu den besten Freundinnen in einer Atmosphäre, die der Werthaltung der *Zärtlichkeit* entspricht, gelebt.

Zärtlichkeit

Zärtlichkeit als Ausdruck von Achtsamkeit, Verfügbarkeit und Zuverlässigkeit in der Beziehung, und gleichzeitig auch als Ausdruck von nicht zupackender, sondern umhüllender Liebe, eine Haltung, die auch das Zarte im anderen Menschen und in sich selber begreift und es dem anderen Menschen auch erlebbar macht, aus ihm oder aus ihr herausliebt, und dieses Zarte auch schützen will, auch vor dem eigenen harten Zugriff. Zärtlichkeit kümmert sich um das Zarte, und auch um das, was werden will, um das Neue.

Die Zärtlichkeit verliert ihren Wert dort, wo sie zu einem Verzärteln wird, wo einem anderen Menschen nicht auch das Unzarte, Harte, Wilde zugemutet wird.

Ein weiterer wichtiger Aspekt in der Beziehung zu den besten Freundinnen ist das Teilen von *Freude* als Wert.

Freude

Das Erleben von Freude, das Teilen von Freude, das Anstecken mit Freude, das sich freuen aneinander, das sich freuen aufeinander, geben den Beziehungen eine ganz spezielle Färbung und tragen wesentlich dazu bei, daß so viel Geborgenheit in ihnen entsteht.

Das Zulassen der Freude, das bewußte Wahrnehmen der Freude vermehrt die Freude. In Momenten der Freude erleben wir uns als Menschen, die ganz und gar einverstanden sind mit sich selbst, mit der Mitwelt und mit der Umwelt. Das gibt uns ein gutes Selbstgefühl und die Gewißheit, fraglos für einen Moment in Beziehungen zu anderen Menschen eingebunden zu sein, fraglos auch ein Teil eines uns umfassenden Lebens zu sein. Das Erleben von Freude hat einen großen Einfluß auf unseren Selbstwert und erlaubt uns auch, in den Momenten der Freude unser originäres Selbst zu spüren.

Freude schafft größere Verbundenheit durch die Stimulierung eines guten Selbstwert- und Daseinsgefühls. Freude ist die Emotion, die zu solidarischem Verhalten führt.

Problematisch würde die Freude dann, wenn in einer Beziehungskultur die andere Seite des Daseins, das Durchdringen der Widerständigkeit des Alltags, im privaten Leben wie auch in der Politik, ausgeblendet würde. Zum Verfall der Freude würde also ein Rückzug von den Problemen und des Kummers führen.

Ein weiterer Wert, der mit allen vorabgenannten in Zusammenhang steht, ist das Wertschätzen einer *Alltagskultur.*

Alltagskultur

Gesten, die Beziehung ausdrücken, etwa das vierblättrige Kleeblatt für den Gang ins Krankenhaus, eine liebevolle Aufmerksamkeit, ein warmes Essen zur richtigen Zeit, ein Gedicht auf dem überfüllten Schreibtisch, das sind Wegmarken einer kultivierten Beziehungslandschaft. Es ist eine bisher wenig beachtete Kultur, aus einem sich Betreffenlassen heraus erschaffen, nicht für die Ewigkeit gedacht und doch von allergrößter Wichtigkeit für eine Lebensatmosphäre, in der man sich wohl fühlen kann.

Diese Form der Alltagskultur steht selbstverständlich neben allen anderen Werken der Kultur, die Menschen schaffen, aber sie müßte auch als eine Form der Kultur verstanden werden, als eine Form der Beziehungskultur.

Dazu scheint sich mir – in den Interviews recht verhalten – eine weitere Werthaltung zu zeigen: Das Zulassen der Sehnsucht nach Sinn und Mitte, nach einer *Spiritualität*, die im Zusammenhang steht mit dem Erleben und Teilen von inneren Bildern, Träumen und Erlebnissen in der Natur.

Spiritualität

Diese Sehnsucht ist kaum zu unterscheiden von der Sehnsucht nach dem originären Selbst, steht aber auch damit im Zusammenhang, daß für ein umfassenderes Beziehungsselbst auch ein Symbol gefunden werden müßte. Wahrscheinlich wäre es sinnvoll, diese Sehnsucht danach einander immer wieder mitzuteilen – das setzt allerdings viel Vertrauen voraus – vielleicht würden sich dann aus diesen geteilten Sehnsüchten heraus langsam Bilder kristallisieren.

Problematisch scheint mir, wenn einzelne Frauen Bilder, die für sie selbst durchaus eine Stimmigkeit haben, für sie im Moment Sinn und Mitte und emotionale Ergriffenheit bedeuten, als Bilder anbieten, die für alle Frauen gelten sollen, also eigentlich wieder eine neue Ideologie setzen.

Gerade das Wissen um Spiritualität muß immer wieder dem Erleben anderer Menschen ausgesetzt und mit ihnen diskutiert werden; würde es zu einem statischen Besitz, verlöre es die bewegende Kraft und würde allenfalls wieder zu einer Anhäufung von Regeln, die befolgt werden müssen.

Alle diese möglichen Werte einer Beziehungskultur: Die Achtsamkeit, die Verfügbarkeit, die Verläßlichkeit, die Haltung der Zärtlichkeit und der Freude, das Wertschätzen einer Alltagskultur, der Wert der Innerlichkeit in Form einer gewissen Spiritualität sind Aspekte des Wertes der *Solidarität.*

Solidarität

Eine Beziehungskultur ist eine Kultur der Solidarität. Wenn es uns wichtig ist, eine Kultur der Solidarität aufzubauen, dann könnten wir diese Werte, die als Ideal der Beziehung in der Frauenbeziehung stecken, aufnehmen und unsere Beziehungspraxis an dieser Beziehungstheorie messen. Die typischen Probleme, die in der Beziehung zur besten Freundin auftreten, wären natürlich auch zu erwarten.

Anmerkungen

1. Teil

Wie sich in Symbolen Lebensprobleme verdichten ...

[1] Smith, P.: Stellung des Mythos, in: C. Lévi-Strauss/J.-P. Vernant et al. (Hrsg.) (1984) Mythos ohne Illusion. Frankfurt/M., S. 51–53.

[2] Jung, C.G. (1921) Psychologische Typen. Zürich (1960) GW 6, S. 500–515.

[3] Jung. C.G. (1940) Zur Psychologie des Kinderarchetypus. Zürich (1960) GW 9/1, S. 168–169.

[4] Smith, P.: Stellung des Mythos, in: C. Lévi-Strauss/J.-P. Vernant et al. (Hrsg.) (1984) Mythos ohne Illusion. Frankfurt/M.

[5] Jung. C.G. (1921) Psychologische Typen. Zürich (1960) GW 6.

[6] Bloch, E. (1959) Das Prinzip Hoffnung. Frankfurt/M., S. 185–187.

[7] Watzlawick, P. et al. (1974) Lösungen. Bern, S. 114.

[8] Schwarzenau, P. (1984) Das göttliche Kind. Stuttgart.

[9] Willi, J. (1975) Die Zweierbeziehung. Hamburg.

[10] Kast, V. (1984) Der Teufel mit den 3 goldenen Haaren. Stuttgart.

[11] Winnicott, D.W. (1983) Von der Kinderheilkunde zur Psychoanalyse. München.

Sich auf den Weg begeben ...

[1] Heidegger, M. (1978) Die Frage nach der Technik. Vorträge und Aufsätze. Pfullingen, S. 9–40.

2 Wiesenhütter, E. (1969) Therapie der Person. Stuttgart, S. 308.
3 Kast, V. (1990) Die Dynamik der Symbole. Grundlagen der Jungschen Psychotherapie. Olten.

Aus der Einsamkeit wieder zur Beziehung finden

1 Hesse, H. (1947) Die Gedichte (Neudr. 1949). Berlin, S. 161.
2 Ausländer, R. (1977) Gesammelte Gedichte. Köln, S. 81.
3 Brentano, C. (1977) Gedichte. München, S. 308 f.
4 Binder, W.: Einsamkeit als Thema der Literatur, in: Hans Jürgen Schultz (Hrsg.) (1980) Einsamkeit. Stuttgart/Berlin, S. 92–104, hier S. 95.
5 Seuse, H. (1961) Deutsche Schriften, Nachdr. d. Ausg. Stuttgart (1907). Frankfurt/M.
6 Binswanger, L. (1942) Grundformen und Erkenntnis menschlichen Daseins. Zürich, S. 247.

2. Teil

Bewegungen ins Selbstbild bringen ...

1 Gilligan, C. (1981) Die andere Stimme. Lebenskonflikte und Moral der Frau. München, S. 29.
2 Vgl. Sassen, G. (1980) Success Anxiety in Women: A Constructivist Interpretation of its Source and its Significance. Harvard Educational Review, vol. 50, Nr. 1, Febr.
3 Kast, V. (1979) Weibliche Werte im Umbruch – Konsequenzen für die Partnerschaft. Analyt. Psychol. 10, 133.
4 Willi, J. (1978) Die Therapie der Zweierbeziehung. Hamburg.
5 Franz, M.-L. v.: Der Individuationsprozeß, in: C. G. Jung u. a. (1968) Der Mensch und seine Symbole. Olten.
6 Wolff, T.: Studien zu C. G. Jungs Psychologie. Zürich (1983).
7 Ranke-Graves, R. v. (1982) Griechische Mythologie, Bd. I und II. Hamburg.

8 Jung, C. G. (1976) Die Archetypen und das kollektive Unbewußte. GW 9/1. Olten.
9 Kast, V. (1984) Paare. Beziehungsphantasien oder Wie Götter sich in Menschen spiegeln. Stuttgart.

Wechseljahre – Wandeljahre

1 Meili-Lüthi, E. (1982) Persönlichkeitsentwicklung als lebenslanger Prozeß. Lang, Bern, S. 111 ff.
2 Lidz, Theodor (1970) Das menschliche Leben. Die Entwicklung der Persönlichkeit im Lebenszyklus. Suhrkamp, Frankfurt, S. 632.
3 Pongratz, L. J. (1961) Psychologie menschlicher Konflikte. Hogrefe, Göttingen.
4 Kast, V. (1987) Der schöpferische Sprung. Vom therapeutischen Umgang mit Krisen. Walter, Olten.
5 Kast, V. (1990) Die Dynamik der Symbole. Walter, Olten, S. 67 ff.
6 Kernberg, O. (1988) Innere Welt und äußere Realität. Verlag Internationale Psychoanalyse. München, Wien, S. 137 ff.
7 Sies, C./Nestler, V. (1992) Soll und Haben. Die Wechseljährige zwischen Illusion und Wirklichkeit, in: Psyche 4, 46, S. 366–387.
8 Wenderlein, J. M. (1977) Psychologische Aspekte bei der Hormonsubstitution im Klimakterium, in: Zander, J. / Goebel, R. (Hrsg.): Psychologie und Sozialmedizin in der Frauenheilkunde. Springer, Berlin/Heidelberg.
Lehr, Ursula (1983) Klimakterium – sozialpsychologische Aspekte, in: Richter, D./Stauber, M. (Hrsg.): Psychosomatische Probleme in Geburtshilfe und Gynäkologie. Kehrer, Freiburg.
Greenglass, E. (1986) Geschlechterrolle als Schicksal. Klett-Cotta, Stuttgart, S. 234 ff.
9 Kast, V. (1991) Loslassen und sich selber finden. Die Ablösung von den Kindern. Herder, Freiburg.
10 Kast, V. (1992) Die beste Freundin. Was Frauen aneinander haben. Kreuz, Stuttgart.

[11] Kast, V. (1991) Loslassen und sich selber finden. Herder, Freiburg.

[12] Hancock, (1989) In Flaake und King
Flaake, K., King, V. (Hrsg.) (1992). Weibliche Adoleszenz. Zur Sozialisation junger Frauen. Campus, Frankfurt/M.

[13] Hagemann-White, C. (1992), in: Flakae/King, S. 64–83.

[14] Kast, V. (1995) Die Nixe im Teich. Gefahr und Chance erotischer Leidenschaft. Kreuz, Stuttgart.

[15] Schönfelder, T. (1995) Der Lebensübergang ins Alter, in: Egner, H. (Hrsg.) (1995) Lebensübergänge oder Aufenthalt im Werden. Solothurn.

3. Teil

Sich selber annehmen – Individueller Tugendwandel

[1] Jung, C.G. (1954/1980) Zur Empirie des Individuationsprozesses, in: GW 9/I, Die Archetypen und das Kollektive Unbewußte. Olten, S. 314.

[2] Jung, C.G. (1957/1971) Praxis der Psychotherapie, in: GW 16. Olten, S. 249.

[3] Jung, a.a.o., S. 263.

[4] Jung, a.a.o., S. 115.

[5] Jung, a.a.o., S. 213.

[6] Jung, C.G. (1983) Aion. Beiträge zur Symbolik des Selbst, in: GW 9/2. Olten, S. 180.

[7] Jung, C.G. (1981) Zwei Schriften über Analytische Psychologie, in: GW 7. Olten, S. 198.

[8] Jung, C.G. (1984) Mysterium Conjunctionis, in: GW 14/2. Olten, S. 313.

[9] Jung, C.G. (1954/1980) Zur Empirie des Individuationprozesses, in: GW 9/I, Die Archetypen und das Kollektive Unbewußte. Olten, S. 187.

[10] Kast, V. (1984) Paare. Beziehungsphantasien oder Wie Götter sich in Menschen spiegeln. Stuttgart.

[11] Jung, C.G. (1981) Zwei Schrifte über Analytische Psychologie, in: GW 7. Olten, S. 512.

[12] Jung, C.G. (1957/1971) Praxis der Psychotherapie, in: GW 16. Olten, S. 229.

[13] Jung, C.G. (1984) Mysterium Conjunctionis, in: GW 14/2. Olten, S. 313.

[14] Stiefel, Roland (1988) Wahrnehmungsethik. Versuch einer Ergründung umweltethischer Verbindlichkeit, in: Tätigkeitsberichte Naturforschende Gesellschaft Baselland, Bd. 35. Liestal, S. 11.

[15] Neumann, Erich (1948) Tiefenpsychologie und neue Ethik. Zürich.

[16] Jung, C.G. (1972/1973) Brief vom 3.6.1957, in: A. Jaffé / G. Adler (Hrsg.): Briefe Bd. 1-3. Olten, S. 96-98.

[17] Jung, a.a.o., S. 96-98.

[18] Jung, C.G. (1957/1971) Praxis der Psychotherapie, in: GW 16. Olten, S. 49.

Frauenfreundschaft – Erleben neuer Beziehungswerte

[1] Kast, V. (1992) Die beste Freundin. Was Frauen aneinander haben. Stuttgart.

[2] Belle, D. (1982) Lives in stress. Woman and depression. Beverly Hills.

[3] Bowlby, J. (1969/1980) Attachment and Loss. London. Stern, L.: Vorstellungen von Trennung und Bindung bei adoleszenten Mädchen, in: K. Flaake/V. King (1992) Weibliche Adoleszenz. Frankfurt/M.

[4] Kast, V. (1988) Das Paar: Mythos und Wirklichkeit, in: P.M. Pflüger (Hrsg.): Das Paar – Mythos und Wirklichkeit. Neue Werte in Liebe und Partnerschaft. Olten.

[5] Kast, V. (1992) Die beste Freundin. Was Frauen aneinander haben. Stuttgart.

[6] Bank, S.P., Kahn, M.D. (1989) Geschwisterbindung. Paderborn.

[7] Raymond, J.G. (1987) Frauenfreundschaft. Philosophie der Zuneigung. München.

[8] Marcel, G. (1964) Philosophie der Hoffnung. München.

Quellenverzeichnis

Ein schöpferischer Prozeß, der Wandlung bewirkt – vom Umgang mit Symbolen, in: du, Heft Nr. 8, August 1995, S. 35–42.

Wie sich in Symbolen Lebensprobleme verdichten – und sie gelöst werden können, Erstpublikation in: Praxis der Psychotherapie und Psychosomatik, Bd. 30 (1985), Springer-Verlag Berlin/Heidelberg, S. 279–289.

Sich auf den Weg begeben. – Wandlung im therapeutischen Prozeß, Erstpublikation in: Buchheim, P. / Cierpka, M. / Seifert, Th. (Hrsg.) (1991) Psychotherapie im Wandel. Abhängigkeit. (Lindauer Texte. Texte zur psychotherapeutischen Fort- und Weiterbildung) Springer Verlag Berlin/Heidelberg/New York, S. 61–75.

Aus der Einsamkeit wieder zur Beziehung finden, in: Anstöße. Aus der Arbeit der Evangelischen Akademie Hofgeismar 4 (1982), S. 133–139.

Bewegungen ins Selbstbild bringen – neue Phantasien entwickeln, in: Zeitschrift für Geburtshilfe und Perinatologie, Bd. 189 (1985), S. 271–278.

Wechseljahre – Wandeljahre, gekürzte Fassung in: Intra (24) Psychologie und Gesellschaft, 6. Jg., 1995, Bern, S. 26–31.

Sich selbst annehmen – individueller Tugendwandel, in: Braun, H.-J. (1989) Ethische Perspektiven: „Wandel der Tugenden". Zürcher Hochschulforum, Bd. 15, S. 277–290.

Feindbilder überwinden – neue Beziehungen finden, in: Wallraff, G./Kast, V./Clauß, D./Peterle, L. (1991) Brauchen wir Feindbilder? Unisys AG (Schweiz), S. 21–31.

Frauenfreundschaft – Erleben neuer Beziehungswerte, Erstpublikation in: Buchheim, P./Cierpka, M./Seifert, Th. (Hrsg.)

(1994) Neue Lebensformen und Psychotherapie, Zeitkrankheit und Psychotherapie, Leiborientiertes Arbeiten. (Lindauer Texte. Texte zur psychotherapeutischen Fort- und Weiterbildung) Springer Verlag Berlin/Heidelberg/New York, S. 28–45.